Vladimir Vysotsky

SELECTED WORKS

AD VERBUM

PUBLISHED WITH THE SUPPORT
OF THE INSTITUTE FOR LITERARY TRANSLATION, RUSSIA

VLADIMIR VYSOTSKY:
SELECTED WORKS

Translated from the Russian by John Farndon with Olga Nakston

Proofreading by Richard Coombes

Published with the support of the Institute for Literary Translation, Russia

Publishers Maxim Hodak & Max Mendor

Original songs © 2022, Heirs of Vladimir Vysotsky

Translator's note @ 2022, John Farndon

Design concept by Ksenia Papazova

Cover art, book cover, and book layout by Max Mendor

English translation © 2022, Glagoslav Publications B.V. and John Farndon

www.glagoslav.com

ISBN: 978-1-914337-64-2

First published in English by Glagoslav Publications B.V. in May 2022

A catalogue record for this book is available from the British Library.

This book is in copyright. No part of this publication may be reproduced, stored in a retrieval system or transmitted in any form or by any means without the prior permission in writing of the publisher, nor be otherwise circulated in any form of binding or cover other than that in which it is published without a similar condition, including this condition, being imposed on the subsequent purchaser.

Vladimir Vysotsky

SELECTED WORKS

TRANSLATED FROM THE RUSSIAN BY JOHN FARNDON WITH OLGA NAKSTON

ИНСТИТУТ ПЕРЕВОДА

AD VERBUM

PUBLISHED WITH THE SUPPORT
OF THE INSTITUTE FOR LITERARY TRANSLATION, RUSSIA

GLAGOSLAV PUBLICATIONS

CONTENTS

About This Book 8
"Translating Vladimir Vysotsky" by John Farndon 9

Stubborn Horses 14
A City Romance 17
A Ballad about Guns 19
The Wolf Hunt 24
The End to the Wolf Hunt, or Hunting from Helicopters 26
He Has Not Come Back from the Fight 29
"The Crown Is Smashed to Smithereens" 31
"Ice below and Ice above" 33
"In This Moment, I Love You" 34
A Parable about Truth and Lie (In imitation of Bulat Okudzhava) . 36
A Song about a Friend 38
A Song about New Times 39
Brodsky's Song 40
She's Been to Paris (to L. Luzhina) 42
The Height 44
Masks 45
Morning Gymnastics 47
A Ballad about the Bath-House 49
"My Tastes and Habits Are Unusual" 51
Mass Graves 53
A Song about Nothing, or What Happened in Africa? 54
"Katerina, Katya, Katerina" 56
About our Meeting 57
All the Sons Leave for War 59

A Song about Reincarnation	61
"What's the Point in me Talking to You?"	63
"Ships Will Stay for a While"	64
White Silence	65
A Ballad about Love	67
I Don't Like	69
About Love in the Middle Ages	71
Cholera	73
A Song about Rumours	75
From Moscow to Odessa	78
"The Fir Fronds Tremble"	80
The Mountain Lyric	81
"Again It Seems I'm Struck Down with the Chills"	83
A Song about Stars	84
The Crystal House	86
Farewell to the Mountains	87
Ice	89
A Song about the Earth	90
"Every Night, Candles Are Lit for Me"	91
"In the Beginning Was the Word, of Sadness and of Pain"	93
Summit	94
The Parrot's Song	96
"In Spite of All the Things I Do on Land"	98
"To the Cold"	100
To the Top	101
Save our Souls	103
Lads, Send Me a Letter	106
Rock Climber	107
"So Many, Many Years"	109
"They Keep Telling Us Sincerely"	110
A Song about Time	111
My Hamlet	113

About the Translators 116
Appendix 1. A list of songs in alphabetical order 117
Appendix 2. Sheet music
    Stubborn Horses 124
    A City Romance 125
    The Wolf Hunt 126
    He Has Not Come Back from the Fight 127
    (The Crown Is Smashed to) Smithereens 128
    To the Cold 130

ABOUT THIS BOOK

Amongst Russians and people of the former USSR, legendary singer, songwriter and poet Vladimir Vysotsky is loved and admired like no other. His songs championed the underdog, and even today, forty years after his death at a tragically young age, people in countries as far apart as Bulgaria and Kazakhstan weep at the mere mention of his name. Yet remarkably this is the first landmark collection of his lyrics and poetry ("Ice below and Ice above", "My Hamlet") in English.

The translators set themselves the hard task of translating Vysotsky's songs as first of all songs, not poetry, enabling readers to perform them in English. This collection of lyrics also includes sample sheet music for six Vysotsky's songs. Vysotsky himself used the seven string guitar; the songs are adapted here to the western six string classical guitar by John Farndon and West-End singer Anthony Cable.

This bilingual volume gives a chance to enjoy Vysotsky's works both in English and Russian, just by flipping the book over.

TRANSLATING VLADIMIR VYSOTSKY

Singer-songwriter and poet Vladimir Vysotsky (1938-1980) is one of the most extraordinary artists of the twentieth century. Some talk of him as the Russian Bob Dylan, or Jacques Brel, but that doesn't really convey how much he was loved and revered across the Soviet Union.

Remarkably, very few of his hundreds of songs were officially recorded, or even bought on record. Instead, countless people heard his songs on scratchy reel-to-reel tape recordings passed on from friend to friend. In Soviet cities of the time, summer evenings were often filled with the latest crackly sound of a new Vysotsky song filtering through an open window.

When Vysotsky died, tragically young at just 42 in 1980, he was mourned by tens of millions. It was the time of the Moscow Olympics, and the KGB were anxious to keep this uncomfortable voice out of the news. Even so, over 30,000 gathered in Moscow to pay tribute, despite a KGB ban. "Volodya" was, for them, the voice of truth. "You understood what our lives are like – work, work, hellish work and nothing else," wrote one mourner, while another said: "We're here because he spoke the truth, not the half-truths we hear all the time – he wrote about our life."

His impact spilled into the next generation, and his language was absorbed into Russian culture. I have a cleaner from Bulgaria, Zhivka Hristova, who must have been very young when Vysotsky died. When she saw a book of Vysotsky's songs on my table, she at once burst into tears. Her sister Lydia wrote this note to explain why: "They say Jesus spoke parables to his contemporaries. For the people of my generation, Vysotsky was like him – he taught us his songs. Whatever happened, we said: on this occasion, in one of his songs, Vysotsky says the following… He was our banner in those times!"

A recent opinion poll in Russia put Vysotsky as the second most important Russian popular figure of the twentieth century after only the cosmonaut Yuri Gagarin, while some consider him Russia's most important poet since Alexander Pushkin.

And yet he is almost unknown to people in the West. Even Russophiles in the English world, steeped in Tolstoy and Akhmatova, Chekhov and Brodsky, are often almost entirely ignorant of the work of Vysotsky.

A *New York Times* article, published a year after his death, attempted to explain why this was: "because his ballads rarely dealt explicitly with politics, because the street language he used with such effect is almost untranslatable and because the life he sang about is so alien to the West."

And yet to me, it still seems remarkable that the work of such a towering poet, songwriter and cultural icon has not yet been translated into English, beyond countless scattered attempts online by Russian fans. That's why I, maybe foolishly, embarked on this collection…

As well as a singer-songwriter, Vysotsky was a brilliant actor, famed for his legendary Hamlet with the equally legendary Taganka Theatre, and his songs and performances draw heavily on his theatrical life. In his songs, he tells stories and creates characters, often so powerfully that listeners believed he must have been one of the soldiers or gangsters he sang about.

He wrote songs in a genre of the "author-song," which is a very distinctive feature of post-war Russia. "Generally speaking," Vysotsky explained in an interview, "they are not songs even but poems on a rhythmical base…" He accompanied them on guitar alone because of its simplicity. "Author's songs give me a chance to tell you what worries me, what is of concern to me, that sort of thing." But that modest explanation belies the extraordinary power of his storytelling, his complex use of alliteration, assonance, internal rhyme, and, of course, his unforgettable, gravelly voice which can switch from an intimate whisper to an epic crescendo in moments.

He explained in the same interview how author-song writers are criticised for their simple "primitive" melodies. But his answer was this: "I believe that nothing should interfere with the perception of the text, the meaning… I wanted the songs to enter not only the ears, but the souls right from the beginning."

Particular themes crop up again and again in his songs, and people often divide them into types like his "street songs" and his "mountain songs." His theatrical background is clear, because unlike many western singer-songwriters he rarely sings personal confessions but as a character, whether it is a sleazy thug, or a lonely soldier.

He sings so often, and so believably, of war that people often insisted he must have been a soldier himself. He explained that he writes about "men who look death in the face, men in extreme situations." Nowhere is this better illustrated than in one of his most famous songs, "Stubborn Horses" which opens with the lines: "Along the edge of a rocky ledge,/ A steep precipice on hell's abyss..." But of course he also wrote the tenderest, most intimate love songs.

Translating Vysotsky's lyrics is perhaps the most challenging translation task I have ever undertaken, and I must express my deep thanks to Olga Nakston, who has been my co-translator, providing me with literal translations of all the song. I have translated Pushkin and Lermontov, Abai and Pessoa, and each presents unique challenges, but recreating Vysotsky's words into English was the biggest challenge of all.

First of all, it was crucial that my English words are lyrics, not poetry. They are there for English people to sing, not simply read on the page, or for readers to read as they listen to Vysotsky himself singing. So the English words must match the melody and rhythm, pacing and intonation, with the kind of precision that is almost never demanded in translating written poetry. Many of the translations have been tested by a great singer friend of mine Anthony Cable, who has sung these songs in English for the first time – and this showed that I cannot afford even the slightest looseness, since it makes the words unsingable.

I am lucky to be a songwriter myself, as well as a poet and translator, so I know how lyrics need to work with the melody – how the melody often dictates the flow of words, and vice versa. Moreover, the rhythms in songs are very different from the rhythms in written poetry, and that presents an entirely new challenge for the translator.

Secondly, Vysotsky is an absolute master of the Russian language. His lyrics are dense and linguistically inventive in a way few Russian poets can match. He uses consonants, for instance, in brilliant staccato volleys of words which, combined with his unique voice and delivery, create an extraordinary energy that is genuinely thrilling for Russian listeners. The sound of the English language is very different, and it's almost impossible to recreate these verbal fireworks exactly, so I have had to work hard to find equivalent effects in English, but I urge you to listen to Vysotsky singing himself while reading to hear the full effect – even if you don't speak Russian.

Thirdly, many of the characters and situations in Vysotsky's songs were instantly identifiable to people in the Soviet Union of the time, but entirely alien to English readers, as the *New York Times* article quoted above suggested. Bridging the gap is a real challenge, but Vysotsky is a man of the theatre, and his characters have distinctive voices, so it seemed to me that the way to transfer these characters into English was to give them a voice that would help English people identify.

My brilliant editor, Ksenia Papazova, who knows and loves Vysotsky, pointed out Vysotsky hardly used swear words, and his genius was to stay within the literary canon while appealing to people in all walks of life. In just two places, I have used the word "fuckit" and "fucked," breaking with Vysotsky, but this, I felt, was important to give the songs the "voice" and impact that would be identifiable instantly in English.

Finally, I'd like to stress that these are mostly lyrics, not poetry. I hope you will be able to appreciate Vysotsky's unique genius simply by reading on the page. But I would also urge you to listen to the songs. You can hear recordings of Vysotsky singing the songs, in the original Russian of course, on YouTube, and the publisher's website has links to many of these, although they are constantly changing. Anthony Cable and I hope to record English versions of many of the songs, too – but maybe you'd like to try singing them in English yourself. It was always Vysotsky's aim, and was one reason he kept melodies simple. "I wanted the person who would care to sing them for himself to be able to do so easily."

Just a week before, he died, Vysotsky wrote an incredibly poignant poem "Ice above and Ice Below" to his French wife Marina Vlady – separated from her by visa restrictions, and maybe the KGB. The last verse is a fitting epitaph:

> I'm under half a century – barely forty.
> I am kept alive by God, and by you.
> But I will sing when I stand before the Almighty;
> And I'll have my songs to see me through.

John Farndon
London, June 2021

VLADIMIR VYSOTSKY
Selected Works

Stubborn[1] Horses[2]

Along the edge of a rocky ledge,
A steep precipice on hell's abyss,
I lash my horses through the mist,[3]
The whip sings its stinging, vicious hiss!
The thin air makes me dizzy,
I gulp the wind, I drink the mist!
And now I feel a deathly bliss –
I'm lost in this, I'm lost in this!

Take it easy now, you horses,
Take it easy will you now!
Take no notice of the hissing whiplash sting!
But these stubborn horses will take me,
They will take me to the brow
And I've no time to live on,
And no time to sing!

I will make these horses drink!
I will sing this final song!
I will make this moment last long
As I stand there on the brink!

I will perish like a ball of fluff
Blown off the hand by storm,
And they'll bear me away swiftly

....

[1] This song is usually known in English as "Capricious Horses" but the word *priveredlivyye* has more the sense of "fastidious", or "awkward" rather than capricious. "Stubborn" seems most appropriate for these horses that refuse to slow down despite the driver's desperate pleas.

[2] This song was one of several Vysotsky wrote for the 1971 film *The Sannikov Land*, the screen adaptation of Vladimir Obruchev's science fiction novel. Vysotsky was supposed to be acting in the film too but was suddenly dropped because of his face "being too scandalously recognisable" as a state official put it. The song is seen as a desperate cry for freedom, and is used in the film *White Horses* when Mikhail Baryshnikov dances to this song to Helen Mirren to demonstrate his need to be free to express himself. Helen Mirren weeps because this means he must leave the company, and he is doomed.

[3] He is driving a *troika*, a three horse sleigh.

On a sleigh through the snowy dawn
Slow down a little, you horses,
Slacken off your pace –
Just give me a little time, please,
Until my resting place.

Take it easy now, you horses,
Take it easy will you now!
Take no notice of the hissing whiplash sting!
But these stubborn horses will take me,
They'll take me to the brow
And I have no time to live on,
No time to sing!

I will make these horses drink!
I will sing this final song!
I will make this moment long
As I stand there, on the brink.

We're here right on time –
You can't be late for God, of course
So why are the angels singing
With such angry force?
Or is it the sleigh bells sobbing,
Sobbing on the horses?
Or is just me yelling
Slow down to those horses?

Take it easy now, you horses,
I beg you slow down now!
Just ignore the whiplash sting!
But these stubborn horses will take me,
They'll take me to the brow
Please let me live on a little,
Oh please let me sing!

I will make these horses drink!
I will sing this final song!
I will make this moment long –
I will stand here, pausing on the brink.

1972

A City Romance

I was strolling the streets of the city
And by chance beat up two passers-by,
But when the cops came to arrest me –
At the station, I saw her and died.

Well, I'd no idea why she came there.
She was getting her pass checked, I guess.
She was young, she was lovely, with blonde hair...
I decided to find her – oh yes.

I followed this girl to her door, see
But I'm a thug, so what could I say?
Had a drink then asked out this sweetie
To a nearby railway café.

But everyone there kept on staring –
I just screamed with rage, inwardly.
I almost smacked a guy for just daring
To wink at her, casually.

But I ordered her rolls with good caviar,
Let my cash flow out like a stream,
Sent requests for love songs on the guitar
And asked for "Cranes" to finish our dream.

I kept up my promises 'til sunrise –
Swore them over and over again,
Swore to the darling of my eyes:
I'd been clean over five days, then.

I was saying my whole life was lost, see.
Blew my nose and sobbed in my sleeve.

She said, "Pay the right price, you can have me;
It's okay with me – I believe."

I struck out at this young blonde beauty
As the blood boiled up deep inside
Knew why she was with the police, see:
That girl I saw once and just died!

1964

A Ballad about Guns

The little guys swarm round the world – they've got their time on loan.
There are good guys, there are bad guys; some in gangs, and some alone.

I know a few of the good ones;
I see their wings in my head.
But I'm friends too with some bad ones,
And they all want guns:
They want guns, they want guns – and bloodshed!

The Mr Bigs – rich as Croesus – they see the missile's charms,
But the little guys, what can they do? They just need firearms.

Look at that deadbeat loser –
Not a rouble in his pocket.
But what's in there? Look closer –
A gun. He's going to cock it.

He's been dreaming about supper
Since he missed it last night.
His shoes are on their uppers,
Tatty jacket far too tight.

I'll walk with him along the way,
Through the evening lightly.
But my sweaty fingers always stay
On the trigger tightly.

I'm purposeful, I'm on business –
A little hammered, slightly stoned, slightly pissed.

Hey, what you looking at me for? It's not like I'm a cripple –
I can pass for a human if I have a decent tipple.

Ok, right, you odd ones.
A little chat, now – come along.
And when we've dined and had some fun,
I'll sing to you about guns,
About guns, about guns, a song!

Mr Big may look like a little guy
As he lays out card by card.
But it's the biggest stakes he plays by –
He plays high and he plays hard.

He likes to set off a bomb or two
But that's not for the likes of us.
We're a much more humble crew –
Just a handgun and no fuss.

The gun I bought's in my pocket here,
Primed and at the ready.
It's all I need to stop the fear.
A stiletto, sharp and deadly.

The normal folk are scurrying by
Desperate not to meet.
But we're tooled up to terrify
As we stride out down the street.

The barrel searches faces like a tease
You there! Hands on the wall. Just freeze!

You're wasting time with chemicals – that's a futile plan,
But if you get yourself an axe, boy, then you'll be a man.

Now my story has begun –
The unvarnished truth, and strong.
I'll sing it as well as anyone.

I'll sing to you about guns,
About guns, about guns, a song!

Why ever buy new underwear?
That's no damn use in a fight.
Better buy yourself a gun just there
Round the corner, on the right.

Let's gets started. Come on, let's go
Learn to shoot – it's a cinch!
Papers like news about guns, you know,
Filling every column inch.

What a feeling deep in your gut!
What bitterness in your soul!
An artist had his life slammed shut
For a papier mâché bowl.

Come on. Shoot away at will.
At people, at puppies, at kittens.
Thank God that they sell firearms still –
That won't soon be forbidden.

As long as guns aren't banned, you know it's ok;
You don't need to be scared now, everything is ok.

Easy for the barracuda with fangs – well, of course, he never shows fear.
He doesn't need guns, 'cos he's Big. He's Big and that's enough.
But for the small guy without guns, he may as well not be here.
Yes, without guns, he's just a target – and that is really tough.

The Mr Bigs shoot rhinos
And hunt big game with a gun.
But for us, that's not the way it goes –
The gun game is never fun.

Let the big guys in high places
Play the big game if they choose.
They can set a Panther through its paces
Or simply never lose.

But this gun here in my pocket –
It's my new pet "minnow."
For us guys down at the bottom,
A gun's a cosy pillow.

I feel the warm blood pulsing through
My temples, wet and muddy.
My finger grips, sweaty and blue,
On the trigger, hot and sticky.

We, yes, the little people, rip holes in society's sheet,
But if you stand aside awhile, and look at us once more,
Behind the narrow shoulders and beyond the little feet,
You'll see looming two futile, tragic and gigantic wars.

"Lay low, keep quiet and you won't get hit" –
That's what we're often taught.
But you're a mug if you fall for it.
That's why guns are bought.

The northeast wind's begun to blow
Now a fair price has been set.
Yes, our country, thank god I know,
Is still a free country yet!

But you know, this life is cheap –
Like dust, you blow, then it's gone.
The ashes scatter, there's nothing to keep –
Like a cheap fag, smoke and move on.

And this little life hangs on
By a single stray loose hair.
One press on the trigger and it's gone
As if nothing was ever there...

As long as we can still buy guns, we're not in trouble yet.
Taking a life is like spitting; we were taught how to fight.
Everywhere is war without a war, and with bare hands, you bet,
You can't threaten someone or nail them, or hijack a flight.

No-one's out of reach of a bullet
For a bullet, there's no devil or God.
We shoot as we wish and say "fuckit"!
So keep clear, and give us the nod.

All ages and colours fall prey
To the thrill of a shooting attack:
Old and young, him and her, blonde or grey.
Asian, Caucasian or black.

What a feeling deep in your gut!
It's all too familiar today!
Not just a cover shot of a killer but
With a girl in a negligee.

Our world is awash with losers,
Clutching axes bought for a dime,
And with boys pressing their fingers
On triggers all of the time.

1973

The Wolf Hunt

I am straining with every last sinew,
But today is just like yesterday –
Got me cornered, got me in view,
And they'll joyfully chase down their prey.

From the fir trees, shots are bursting
From the hunters' guns hid in the shade,
In the cold white snow, the wolves are tumbling –
They're living targets, a shooting arcade.

The wolf-hunt has begun – it's drawing nigh.
Veterans and cubs – come on wolves, let's go!
The dogs bark 'til they're sick; the beaters loudly cry –
Lines of red flags[4] and blood upon the snow.

It's as equals hunters and wolves begin,
But the hunters' hands will not shake.
The line of red flags has blocked us in.
So they beat boldly, make no mistake.

There are customs wolves cannot break,
Lessons learned as cubs our lives define.
In every drop of mother's milk we take,
We suck the rule: "Don't cross the redline."

The wolf-hunt has begun – it's drawing nigh.
Veterans and cubs – come on wolves, let's go!
The dogs bark 'til they're sick; the beaters loudly cry –
Lines of red flags and blood upon the snow.

---

[4] In the classic winter wolf hunt in Russia, red flags are staked out in long lines in the days before the hunt. The wolves are confused by the flags, and will not cross the lines, so the lines block their escape from the hunters.

Our legs are fast and our jaws are strong –
Why, leader, tell us why, we call?
Why do they pursue us with shots so long –
We aren't breaking any laws at all.

But a wolf's no choice; this is our law.
So my time will end the same.
And now the one I am intended for
Lifts his gun, smiles and takes aim.

The wolf-hunt has begun – it's drawing nigh.
Veterans and cubs – come on wolves, let's go!
The dogs bark 'til they're sick; the beaters loudly cry –
Lines of red flags and blood upon the snow.

But I will break the red flag line –
The thirst for life is stronger in me –
And I hear with glee from far behind
The startled cries following me!

I am straining every last sinew,
But then today is not like yesterday –
Got me cornered, got me in view,
But this time the hunters lost their prey.

The wolf-hunt has begun – it's drawing nigh.
Veterans and cubs – come on wolves, let's go!
The dogs bark 'til they're sick; the beaters loudly cry –
Lines of red flags and blood upon the snow.

1968

The End to the Wolf Hunt, or Hunting from Helicopters[5]

Like a razor, the sunrise slashes into our eyes
Like magic, triggers silently snap their ties
Talk of the devil, these snipers draw level.
From some rank stream rise these sharp dragonflies.
So with a wild will we'll drive in, into this revel.

We lie down on our fronts, our teeth out of sight
Even those who break through the red flags[6] in flight
Seek hidden wolf holes with sensitive footsoles;
Even those who can outrun the shot from a gun
Are shivering and sweating as fear takes control.

Life smiles at wolves? Where do I begin?
We just can't love life – the love is one way!
But death of course has a lovely, wide grin
And strong, healthy teeth on ready display.

So let's smile at the foe, with our wide wolf-grin.
The dogs aren't yet beaten, we're still not done for
Tattooed on the snow, in blood therein:
Our signature – we're not wolves anymore.

Tails tucked in like dogs, we crawl slowly on;
Lifting surprised snouts to the sky, we move on.
Maybe harsh reprisals have poured from the skies –
Or it's the end of the world and our minds have been curled –
But we're knocked flat by steel dragonflies.

---

[5] It was dedicated to Russian painter and sculptor Mikhail Shemyakin, who was a close friend of Vysotsky.
[6] See footnote 4 in "The Wolf Hunt."

We're drenched in blood as the guns rain down.
We accept our fate; yes, we'll stand our ground.
The heat of our bellies melts the frozen snow.
This carnage began not with God but with man!
Some are flying. Some are running. Let them go. Let them go!

Don't mess with my pack, dogs – that understood?
In a fair fight, we'd beat you to the last breath.
Yes, we are wolves, and our wolves' life is good:
You are dogs and, for you, it will be a dog's death.

So let's smile at the foe, with our wide wolf-grin –
To scotch the gossip in this canine war.
Tattooed on the snow, in blood therein:
Our signature – we're not wolves anymore.

To the forest – it'll save at least some of you!
Run, run fast, then it's harder to kill you!
Run fast, run like hell, save the wolf cubs as well
I'm on a mad run past half-drunk men's guns
And I cry for the lost souls of wolves with each shell.

Those still alive, beyond the bank lying low.
What can I do alone? Nothing, I know.
My vision is grey. My instincts fade away.
Oh wolves, where are you? Forest beasts, where are you?
Where are you, my yellow-eyed braves?

I'm alive, yes – but now I'm boxed in
By those beasts that never heard a wolf's cry
They are canines, hounds – our distant kin.
They were once our prey, you know, by and by.

So I smile at them all with my wide wolf-grin
Baring my rotten teeth in my rotting maw

But tattooed on the snow, in blood therein:
My signature melts – we're not wolves anymore…

1978

He Has Not Come Back from the Fight

Why does it seem wrong? It's all still the same:
The sky's still as blue and as bright!
Yes, the trees are the same, the breeze and water the same,
But he has not come back from the fight.
Yes, the trees are the same, the breeze and water the same…
But he has not come back from the fight.

I just don't recall who was wrong who was right
In those rows that went on through the night.
But I just miss him now, now that he's not in sight –
And he hasn't come back from the fight.
But I only miss him now he's not in sight…
And he hasn't come back from the fight.

Sometimes he'd sing out of tune. Sometimes not a peep.
Or sometimes it was just empty prattle!
He'd never let me sleep – he'd a dawn date to keep…
But now he's not come back from the battle.
He'd never let me sleep – he'd a dawn date to keep…
But now he's not come back from the battle.

There's nothing at all – no more talk I know…
We were two here before – yes that's right!
Yes, the wind is to blame, we lost our campfire's flame…
No, he did not come back from the fight.
Yes, the wind is to blame, we lost our campfire's flame…
No, he did not come back from the fight.

And now they've burst out, like a captive from jail –
Those words escaped in the night:
"Friend, roll me a smoke!" But silence prevails.
No, he hasn't come back from the fight.

"Friend, give me a smoke!" But silence prevails.
No, he hasn't come back from the fight.

Though the fallen have gone, they're our true sentries;
They won't leave us alone in our pain...
The sky shines off the trees as it shines off the seas,
Turning the forest deep blue again.
The sky shines off the trees as it shines off the seas,
Turning the green forest deep blue again.

In that damp, narrow trench, there was space for us two;
There was space for time to take flight.
I'm alone here, it's true. But seems it's me and not you
Who didn't come back from the fight.
I'm alone here, it's true. But seems it's me and not you
Who didn't come back from the fight.

1969

The Crown Is Smashed to Smithereens

Smithereens!
The crown is smashed to smithereens!
No throne or ruler to be seen!
Russia's life and laws have been –
Shot to hell!

And we –
Forced into holes in the ground,
Like poor thieves we are bound,
Blood and shame mixed are found –
Just as well!

Yes, we…
We have no bloody clue
Who to join and who to screw,
Who is in our bastard crew,
Where to go to or what to do –
This all sucks!
There's no spirit, no honour, no shame.
Who's one of us or one of them?
How was it then this mess came?
And does no-one give a damn
Russia's fucked?

Shame!!
On all, those peace-loving gits
On all, who just can't commit;
Those who can't choose if it's fit
To kill!

Look out!
Let the wolves, let the bears
And the hawk's talons tear.

Just invite the crows down there.
For a fill.

Hey, you!
Where's your old firmness?
Where's your old confidence?
All you've got is meanness
And a pistol in your hand.
It's gone. Damn it, it's gone!
It's all battered and shattered.
There's only one thing matters:
Put your gun up to your brow
Or shoot the enemy... now!

1965

Ice below and Ice above

Ice below and ice above[7] – I'm caught between.
Should I smash upward or be drilling down?
Can I burst out and not lose hope? That's to be seen.
And so I work on while I wait in visa town.

The ice above me – hear it break and crack!
I'm sweating like a ploughman from the plough.
Like the ships in songs, oh I will come back!
I'll remember all – even the old poems now.

I'm under half a century – barely forty.
I am kept alive by God, and by you.
But I will sing when I stand before the Almighty;
And I'll have my songs to see me through.

1980

---

[7] This poem is sometimes called "A Letter to Marina." It was written a week before his death in 1980, and these are among his last words to his French actress wife Marina Vlady – a marriage complicated by visa issues and long separations.

In This Moment, I Love You

In this moment I love you.
Not in secret – out there too.
Not after nor before, I burn in your gaze so.
I cry or laugh in view
And in this moment I love you
In the past – I don't need it. In the future I don't know.

To say "I loved" in the past
Is sadder than being dead.
Tenderness takes away my wings and makes me ill,
Though the master poet said:
"Oh yes I loved you, and such love is still…"[8]

People talk of things like this abandoned, and decayed –
There is pity in this and condescension too,
Like for a once great king pulled down from above.
There is regret for what has passed away,
Aspiration, where swiftness to move on falls from view.
And a frail distrust of saying "I love you."

I love you in this moment
Without measure, without loss
My time for love is now, won't slit my wrists now
For the duration, continuation, this moment
I do not live in the past. And the future? Not obsessed now.

---

[8] This is a line from Pushkin's famous short poem:
"Oh yes I loved you, and such love is still
To vanish utterly from my soul, I know.
But let it never in the future bring you ill;
I've no wish to unsettle or upset you so.
I loved you without hope and silently,
Languishing through shyness or just jealousy.
Yes I loved you so truly, and so gently –
May God bless you with another who loves you like me." (my translation – J.F.)

I'll wade a river or swim
With weights on every limb
To reach you any time – behead me if you choose!
But don't ever make me – don't begin –
Add "will" or "forever more" to a simple "I love you."

Yes, there's bitterness in this "will" – it's a mole,
A forged signature, a little wormhole
A passage for backing out, in case,
An invisible poison at the bottom of the glass
And a slap in the face to the present
The doubt that "I love you" in this moment.

I am watching a French dream –
So many tenses, it seems.
Where in the future, it's not so; in the past, it's not the same.
I'm nailed on to the post, a pillory of shame;
I'm summoned to the brink, the language barrier game.

The language's distress
Is no place to be – a mess
But we will look for a way out, we will, the two of us.
I love you in complex tenses –
In the future perfect and the past continuous.

1973

A Parable about Truth and Lie
(In imitation of Bulat Okudzhava[9])

Delicate Truth then just walked in, in clothes of such fine grace –
She had dressed herself up for the orphaned, the blessèd and frail.
Then quickly rude Lie lures pure simple Truth back to her place
Says you're welcome to rest here for the night – you look pale.

And gullible Truth, she lay down to nap on the sofa.
Soon she was drooling and smiling so sweet in her sleep.
Cunning old Lie then pulled back the duvet from off her,
Dug into Truth and took away something to keep.

Then deceitful Lie stood and made a sour face at the sleeper:
All women are the same, so why should you care for her more?
There's no difference at all between Truth and Lie when you see her –
If you undress them both, of course – just to be sure.

So Lie soon untied the gold ribbons from Truth's lovely tresses
And took all her clothes, after checking her out with her eyes.
She grabbed all her cash and her watch and filched all her passes.
She spat and swore filthily then left before the sunrise.

Oblivious Truth only found out her loss in the morning
And got the shock of her life when she saw herself in the day –
The imp had grabbed soot from the old stove while she was snoring
And smeared pure Truth all over. Otherwise, she's ok.

Truth merely laughed at the stones thrown in her direction:
"This is all Lie's, and Lie is wearing my dress."

---

[9] Bulat Okudzhava (1924-1997) was a famous Russian poet and songwriter "whose spare, telling poems" as the *New York Times* said in their 1997 obituary, "helped forge an important new literature of dissent in Russia during the 1950s and 60s." He was one of the pioneers of the "author song," the songs of a poet with just a guitar, often out of tune, providing just a simple rhythm and allowing the words to dominate. The simplicity and individuality were dissident to the bombastic social realism of the Soviet state. Okudzhava was a major influence on Vysotsky.

Two blessèd fools then noted down their strong objections
And called her rude names as well to compound her distress.

They concluded their report with abuse – they couldn't leave it.
And by now Truth was blamed for doing Lie's deeds as well.
This scum calls herself Truth, they said – can you believe it?
When she just got drunk and lost her clothes, as you can tell.

Now Truth cursed and wailed and couldn't stop weeping
She wandered for ages, fell ill and was desperate for cash.
Filthy Lie stole the thoroughbred horse while she was sleeping
And raced far, far away at a helluva dash.

There's still an old weirdo who fights for Truth in his odd way
But the truth is there is no truth at all in his claim:
"Pure Truth will prevail over Lie, I'm certain, one day.
If pure Truth copies Lie, and does just the same."

Often, you'll down several vodkas and forget what you've had.
You can't even tell where you'll end up spending the night
You maybe undressed by someone and that is the truth, lads.
Look now – your jeans are stolen away by slippery Lie!
Look now – your watch is stolen away by slippery Lie!
Look now – who reins your horse but slipp'ry, slippery Lie?

1977

A Song about a Friend

If a friend turns out in the end
Not a friend or a foe – just so...
If you can't at once conclude
If he's bad or good,
Take the guy to the hills –
Be brave!
Don't leave him alone –
Be brave!
Let him face the same view with you;
There you'll learn who's who.

If you find in the peaks, he's weak...
If you find that he flops, then drops...
If his legs start to go on snow...
If he stumbles and cries, you'll know.
He's a stranger to you; it's true.
Don't let your rage show, let him go.
He shouldn't be here, it's clear –
No song will hold him dear.

But if he didn't moan or groan
And though upset kept on, and on.
And when from the cliff, you slipped,
He cursed but held his grip.
Like to a fight you walk side by side
And on the peaks he could be your guide
You can depend on him all day
As on yourself, I say.

1966

A Song about New Times

Heavy steps in the dark night ring out like a wake-up bell.
Saying it's time to leave soon and wordlessly bid farewell.
Horses treading, treading – where our feet never fell.
Where they'll carry their riders to – we can't tell.

Our time dashes by – look for happiness like the past.
We chase it now madly, wildly, like fleeing deer.
But all that we lose in the chase are the friends who last,
And we forget as we career about, no friends are near.

And for so long in our madness we think these lights are flames,
And boots squeaking out on the path make us quake with fear.
The wars of the past are recalled in our children's games,
And we'll split people into friend and foe for many a year.

When the fire and the thunder and the teardrops cease at last,
When our horses fall weary, falter and finally slow.
Our young girls will wear dresses not the greatcoats of the past –
Yes, then we must not forget, nor forgive nor let it go!

<1966 or 1967>

Brodsky's Song[10]

Like anyone, we can be happy or be sad
But if we must make a choice – and the choice is evil –
Then we should choose to be wooden-clad,
People! People!

Hey, hey, they tell us – you're making a mistake.
Ah come on now – you've seen nothing yet.
These are just beginnings, the early steps you make,
And then they offer: this or that!

Enjoy beaches, openings or steamships –
Always packed out and completely mad –
And races, shindigs and wild trips,
Or just be wooden-clad.

And maybe they'll be happy, maybe sad,
Judge us kindly or be jesters of evil,
But they will always let us be wooden-clad
People! People!

Maybe then they'll even offer us a fag –
Ah yes, you've not smoked for a while – too bad.
And you've still barely started life's drag
So then they offer: this or that!

A smoke of a fag can clear the brain:
One puff – and your thoughts won't be so bad.
I need a smoke! God, I need a drag again!
But it's time to be wooden-clad.

---

[10] This song was written for the ending of the bitingly satirical 1968 film *Intervention*, in which Vysotsky played the Bolshevik Brodsky, hunted high and low by Whites, and also Michael Voronov, who teaches a son of a rich widow. Brodsky is finally caught, and in the closing scene, he sings this song that explains his choice between betrayal of his comrades and death. For him, the only choice is always the coffin – being wooden-clad.

They can be polite and sometimes even friendly:
Here's life on a plate for you – here's the key, pal.
But we'll refuse – and they'll strike back cruelly,
People! People…

1967

She's Been to Paris (to L. Luzhina[11])

I probably have died; I'll shut my eyes and see
I probably have died; I'm shy as shy can be
She's a cut above me – she's been to Paris
And yesterday I found – not only Paris...

What songs about the North I used to sing her
I thought – just a little more – and we'll be using "ty"[12]
But in vain the neutral line for this poor singer –
She didn't give a damn about the flowers I'd see.

And then I sang some more – closer may be –
"About the South" and "The One Once with Her"
Why should she care for me? She's been to Paris
And you know Marcel Marceau – he's spoken to her.

I gave up on my job – though there was no call for.
Devoured dictionaries with diligence and fear
Why should she care for that? She's now in Warsaw
And separate languages again interfere.

When she comes back, I'll say in Polish: "Pani,[13]
Accept me as I am, I won't sing like before."
Why should she care for that? She's off now in Iran
I just can't keep up now any more,

Because she's here today – tomorrow Oslo
Yes, I am in a mess, a real jam, no doubt.

---

[11] Larisa Luzhina is a Soviet and Russian actress who starred in a 1967 Soviet drama film *Vertical* together with Vladimir Vysotsky. In the 1960s she frequently travelled abroad to introduce Soviet films to Western audiences.

[12] The personal form of "you" in Russian, like French "tu" – as opposed to the more formal "vy" (vous).

[13] Polish for "madame."

Those with her in past, and those who've yet to go.
Let them keep up – I'd rather sit it out!

1966

The Height

They clung to the height as if it was really theirs.
As the mortars went on with their spray...
But again and again we swarmed these deadly stairs
Like the crowd at the station buffet.

And the shouts of "hoorah" – they froze on our lips
As we dined on fatal bullets!
Seven times, we stormed the height to the tip
Seven times, we were forced to leave it.

Of course, no-one's that keen to lunge up this steep;
The ground is like blackened porridge.
But the eighth time we take it, we take it to keep –
We've bought it with our courage!

But why on earth can't we simply walk round?
Why do we cling on so tight?
It surely must be that here on this ground
The paths of fate meet and give fight.

They clung to the height as if it was really theirs.
The mortars went on with their spray...
But again and again we swarmed these deadly stairs
Like the crowd at a station buffet.

1965

Masks

Like in a hall of mirrors, I have a twisted laugh –
I'm being tricked here with some low cunning menace!
Long hooked noses and grins too wide by half
Like the carnivals of Venice.

The ring is closing tighter in on me
Grabbing me and pulling me into the dance
Good god, it seems that now they see
My plain face as a mask here – what a chance!

Rapiers, confetti... but something's wrong
The masks are staring harshly like old crows
Shouting I am out of time – your step's too long
And you're treading on your partner's toes.

What should I do? Should I grab the chance and flee?
Or stay and have some fun in this strange place?
I really hope that you beneath the beast mask see
A natural, living human face.

All in masks, all in wigs – they're all in tune
Some gothic tales, some fantasy, some literary
Here's a sad harlequin and an old pantaloon
A hangman, a jester, and a fairy.

This one has painted his face all white
This other here entirely hides his face
These others, well, you cannot tell quite
What's their mask and what their real face.

I'm joining in the roundelay, laughing mad,
But I admit I am quite uneasy still

What if someone likes the hangman's mask and
He won't take if off and never will?

What if the harlequin stays forever sad,
Growing to like his melancholy ways?
What if the fool never drops his mad
Look, even on his ordinary face?

I'll pursue these masks upon their heels
But I'll not ask them to uncover or displace.
What if when the mask falls it reveals
The very same half mask and half face.

No, I don't want to miss a face that's kind
But how can I tell which is true?
Each uses a mask to hide behind
To save smashing their face if left on view.

But I've learned the truth of their facial disguise
I'm sure my study's now got it
In this their mask of indifference lies
A shield from the cold slap and hot spit.

1971

Morning Gymnastics

Ok deep breaths now! Spread your arms more!
Take your time and... one, two, three, four!
Happy smile and elegance: more elastical.
It's completely life-affirming!
Thoroughly calming in the morning!
If you are alive just get –
Gymnastical!

If you're at home now, shut the front door,
Lie on the floor and... one, two, three, four!
Follow all the movements isotonical.
Banish outside influences wholly.
Open up to new things freely.
Take deep breaths until you're
Catatonical.

Influenza's breaking out more
Around the world and... one, two, three, four!
The disease is spreading rapidly from town to town.
If you're weak, your coffin awaits you;
To keep your health strong, here's what you do:
People – just give yourself
A good rubdown!

If you're already feeling run-down
Stand and sit down, stand and sit down
And you won't fear the Arctic or Antarctic chill
Ioffe, our leading academic,
Has proved sport is prophylactic!
It will replace the coffee and
The cognac thrill.

There is just no need for talking:
Keep on squatting, jogging, walking.
Let go of your gloom, and don't be misery-filled
If you're itching for some outlet,
Run the tap and get yourself wet –
Throw yourself right into that
Aquatic drill!

Don't be scared of bad things happening;
Keep running on the spot, keep running, running –
Even the raw beginner always wins the race!
It's beautiful: there are no losers –
Even slackers will be victors!
Running on the spot, you're always sure to
Hit first place!

1968

A Ballad about the Bath-House[14]

A thousand graces, a thousand blessings
On your slums come pouring down.
God, give them a right good cleansing –
In holy waters, let them drown!

All the ulcers and disorders
Will be healed by life-giving showers.
Like the come back of feudal orders –
Or draining this swamp of ours.

All the vices, sins and scheming,
All the apathy and dispute
Will be cleansed by a dose of steaming
And like bullets from your pores they'll shoot.

All your torments will soon vaporize
And swiftly to the heavens will rise
And you'll be left entirely sanitized
As the steam ensures their demise.

Don't rush to the shower until you're ready;
Washing won't make you pure!
Your soul must be whipped hard and steady[15]
And the stench must be steamed out for sure.

Don't be shy – there's no-one here nude.
Bare legs and bare arms disappear.
Like in Eden's Garden, they're all viewed.
Only the naked are permitted in here.

---

[14] This is the bath-house or *banya*, where Russians perspire in steam, followed by a cold shower.

[15] The *banny venik* is the bath broom made of branches of trees or bushes such as oak or birch, used to beat the skin in *banyas*.

You leave your clothes behind at the door,
Then forget about being undressed.
The birch twigs whip us all til our skin's raw –
No matter how far you puff out your chest.

There's nothing between us in here;
We all learn to live with the heat.
In steam, all our differences disappear –
Freedom and equality find their feet.

Herd old and young to the bath
And bestow its baptismal rites.
Let the holy water find its true path,
And free us from barbaric fights!

1971

My Tastes and Habits Are Unusual

My tastes and habits are unusual;
I'm exotic and just a little odd.
I can chew a glass as if habitual
But I read Schiller without notes, by god.

There are two "I"s in me – like two poles of the planet,
Two different people, two sworn enemies:
When one plans an evening at the ballet,
The other one finds the races by degrees.

Yet I battle to suppress the cad inside me.
Oh what a tiresome fate I bear...
But I'm scared of a mistake that will divide me
If I suppress the wrong me of the pair!

When I open up the reaches of my soul, see –
In places where sincerity is blessed –
The waitresses serve me food and drink free
And the women freely give me their caress.

Well, all my ideals are shot to hell, yes –
I am angry, intolerant and rude!
I'm chewing glasses down; I'm in a right mess,
And Schiller's on the floor for good.

Now the hearing's on; they're all agog, so
They want to both judge and prosecute.
It really wasn't me who smashed the window
It was my second me – yes, that's my suit!

Oh I beg you please don't judge too strictly –
Give me time, I ask, but not a term.

As a spectator, I'll attend the court politely;
As a visitor to prison, I affirm.

And I swear to you with true sincerity
I will triple my efforts; I'll be fine.
I will battle my double personality,
And beat my second me, which is not mine.

I really won't go on smashing windows
Or faces. Please record this – make a note.
I'll reunite my separate halves soon, god knows.
I'll have my double sick soul by the throat.

I'll incarcerate, inter and entomb it.
I'll purify, I'll purge and I'll expel.
This second me's an alien; I've no room fit
No, this is not my second me, you can tell.

This second me's an alien; I've no room fit.
No, this is not my alter-moi; it goes to hell!

1969

Mass Graves

No crosses stand on the mass graves of war.
No widows come to shed tears.
Yet someone is laying the wreaths as before
And lights the Eternal Flame here.

Where in the past, rich earth was the state,
Granite slabs rose from the mud.
Here there is no single personal fate –
All fates merge together for good.

In the Eternal Flame, a tank is a pyre
Russian villages are set fire in turns,
Smolensk is on fire, the Reichstag's on fire
And the heart of a soldier burns.

No tearful widows pass here any more
Those who come are as tough as they go.
No crosses stand on the mass graves of war.
But is that any easier though?

1964

A Song about Nothing, or What Happened in Africa?

A family chronicle

In yellowest, hottest Africa,
In its deepest heart,
An event of weirdness maxima
Suddenly did start.
An elephant said unthinkingly
"There'll be a Flood as well!"
A giraffe has unexpectedly
Fallen for – a gazelle!

Barks and shrieking breaking out,
But old parrot puffs his chest,
And from the branches loudly shouts:
"Giraffe is tall so sees the best!"

"Well so what if she has horns"
Giraffe cried lovingly –
Nowadays amongst our fauna
Heads are equal, see.
"And if my friends and family
Don't like her, my word,
Well, don't blame me,
Yes, I'll leave the herd!"

Barks and shrieking breaking out
But old parrot puffs his chest
And from the branches loudly shouts:
"Giraffe is tall so sees the best!"

Papa Gazelle, why should he ever
Want such a son, they said?
To papa, it's the same, see, whether

It's in or on his head.
But brother giraffe goes and yells
"What stupid imbeciles!"
So tall giraffe and small gazelle
Went to live – with crocodiles!"

Barks and shrieking breaking out
But old parrot puffs his chest
And from the branches loudly shouts:
"Giraffe is tall so sees the best!"

In yellowest, hottest Africa
Ideals no more appear.
Giraffe papa and mama cry
Out a crocodile tear.
But sadness is now quite rife
There's no law for a while.
Giraffe girl's is now the wife
Of slithery crocodile!

Even if giraffe screwed out,
Please give him, guys, a rest
The one to blame was the one to shout:
 "Giraffe is tall so sees the best!"

1968

Katerina, Katya, Katerina

Katerina, Katya, Katerina...
You're everything, just everything I like.
Like a rouble Christmas tree you're just, well, greener
And when I dress you up – your price will hike!

I will adorn you with velvet and fine taffeta
In down and ashes and the soul of God – here!
You won't be any worse off than Tamarka,
Who I managed to deprive of life last year.

And don't worry, Katya, Katerina –
It will be strawberries and cream from here!
Not a life! Plain life is so much meaner –
I really don't cut girls up every year...

Katerina, hey come on, stuff your doubts now!
I will rip the shirt right off my chest –
That's it! Let's go for a ride now!
Your funeral rites will be the best!

<1965>

About our Meeting

About our meeting – well what can I say?
I'd been waiting for it, like a natural disaster.
We moved in together straight away.
We weren't scared – we couldn't go faster.

I at once pulled you from your old crew
I dressed you, yanked you up off the floor,
But a long tail dragged behind you –
The long tail of your short amours.

I remember I beat up your friends
They weren't what I call a mate.
Though maybe they weren't all dead-ends;
Some of them might have been great.

What you asked, I'd do it in a flash for us.
Every night I made a wedding night.
For you I jumped under a bus,
But thank god I didn't get it right.

If you'd waited for me that long year
When I got sent to "dacha" hell,
I'd have stolen the celestial sphere
And two gold Kremlin stars as well.

And I swear, I'll be a bootlicking boy.
Won't lie nor drink – and will forgive betrayal.
And I'll give you the whole Bolshoi
And the Small Sports Arena without fail.

But right now I'm not ready to meet.
I'm scared of you, our intimacy

Like the Japanese fear a repeat
Of the Hiroshima tragedy.

1964

All the Sons Leave for War

You can't hear the sound of beating hearts today;
It's just for the summerhouse and back lane.
I'm falling, and the bullet's found my chest in its way –
I have only this last thought again.

"This time I'm not coming back.
I'm gone but there'll be more."
We had no chance, had no chance, had no chance at all to look back,
But all the sons, all the sons leave for war!

But someone has decided: "After us comes the flood,"
Then marched out from the trench to the abyss.
But me I'm marching out into the mud
To make sure floods are stopped by this.

I'm closing my eyes now and I'm falling back,
Then slowly embracing the muddy floor.
We had no chance, had no chance, had no chance at all to look back
But all the sons, all the sons leave for war!

Who will replace me? Who will make up the assault?
And who will make the vital hit?
So I have decided: let him make the vault –
The one whose uniform doesn't fit.

I just managed to smile back,
As he followed me once more.
We had no chance, had no chance, had no chance at all to look back
But all the sons, all the sons leave for war!

The rattle of warfare drowns out beating hearts
And mine is almost silent, my friend

But the end of me is not the end:
The end is when someone else starts.

I'm closing my eyes now and falling back,
Then slowly embracing the muddy floor.
We had no chance, we had no chance, had no chance to look back
But all the sons, all the sons leave for war!

1969

A Song about Reincarnation

Some believe in Mahomet, some in Allah, some in Christ.
Some don't believe in anything, even hell to spite us all,
But the Hindus have an answer, a religious code that's nice –
That when we kick the bucket, we really don't die at all.

If your soul strives and you aim high,
You'll be born with a dream once more,
But if you lived like a pig in a sty
Then like a pig you'll stay as before.

Let them give you strange looks: get used to their disdain.
It's annoying but when you're born again you can taunt them back.
And if death seemed your enemy in this life of pain,
In the next you'll find all the faith and insight that you lack.

So keep on with your normal life.
Be happy: ignore your loss:
For it may happen all your strife
Will vanish when you're the boss!

So what if you're labourer, you'll be born the factory head,
And then from factory head you'll be a head of state.
But if you're dumb like a tree, you'll be a baobab instead
And for death a baobab tree has a thousand years to wait.

Yes, it's a shame to be a parrot,
Or a viper whose life extends...
Living well now has its merits
If you're a good human in the end.

And who is who and who was who, we'll never know, I guess.
Genetics went rather crazy with genes and chromosomes.

Maybe that scraggy cat in a past life was an evil murderess
And this sweet girl here was surely once a gentle dog at home.

I am bursting out with delight.
I've escaped being a novice.
The Hindus have shown the light
With their great religious service.

1969

What's the Point in me Talking to You?

What's the point in me talking to you?
You're still talking utter crap!
I'll have a drink with the guys, that's what I'll do –
You get much better talk from a chap.

Guys have serious conversations –
Brag about who can drink more.
Guys have broader horizons –
From the bar to the grocery store!

Our talking is always straight and it's tough.
We solve all our disputes by noise.
Like where to get a rouble and all that stuff
And who's getting vodka for the boys.

In the morning you will give me bread kvass –
What on earth is your justification?
Your mind is not the same as mine, my lass –
You really need a bit more education.

1964

Ships Will Stay for a While

Ships will stay for a while – then set off once more.
But then they will come back through bad weather and storms.
Barely six months will pass by – I'll be back ashore,
Just to sail as before,
To sail as before – half a year more.
Barely six months will pass by – I'll be back ashore,
Just to sail as before,
To sail as before – half a year more.

Everyone comes back – except your best friend.
Everyone but the girl you loved most in the end.
Everyone will come back, but those on whom we depend;
It's not fate, my friend.
No, it's not fate, friend – I will not pretend!
Everyone will come back, but those on whom we depend;
It's not fate, my friend.
No, it's not fate, friend – I will not pretend!

But I'd like to believe that's not how things will be.
No longer will we burn ships like before.
I'll come back with my friends, and my dreams, you will see,
And I will sing on the shore,
I will sing on the shore in barely half a year more.
I'll come back with my friends, and I'll work hard, you'll see,
And I will sing on the shore,
I will sing on the shore in barely half a year more.

<1967>

White Silence

As years and centuries and epochs pass by,
All things head for warmth, far from snow.
So why is it to the north that these birds fly,
When it's to the south that they should go?

None of them ever needs fame or glory;
There's no frost or snow under their wings.
These birds will find their own happy story
In the small gifts that their bold flight brings.

Why couldn't we live, just sleep in warm beds each night?
What made us take this journey far over the sea?
We've yet to see the shining of the northern light:
It's rare – and highly prized, as it should be.

Silence… seagulls flash like lightning –
We feed them nothing from our empty hands.
But the reward for all our silence in coming
Is sounds echoing over the lands.

For so long, our dreams have been only white;
Each other hue is buried under the snow.
We've been blinded by this pallid light
But we'll see again when the black shore shows.

The silence will loosen our throats at last!
Our frailty will melt away like a shadow.
We'll be paid for all the desperate nights we've passed
With the polar day's unending glow.

The North is hope. A borderless land –
Unblemished snow, like a life without lies.

No crow will gouge out your eyes, understand,
For no crow in this place ever flies.

Those who didn't fall prey to dark prophecies
Nor dropped for a rest down in the snow
Will find at last their loneliness will ease;
They'll meet someone there, for sure, I know.

1972

A Ballad about Love

When the waters of the Great Flood subsided
And resumed their familiar shape once more,
As the wild foam's flow finally divided,
Love came creeping quietly to shore
And dissolved in the air until the day appointed –
Forty times forty days before.

And the oddballs – oh there are still some, yes,
They breathe this heady mix into their chests.
They expect neither pleasure nor pain.
They just think that they are simply breathing
But they're caught in the rhythm they're feeling
And their breath becomes uneven again.

But a feeling, like a ship on the sea
Must stay floating for some time.
Until you come to realize that "I love" must be
The same as "I breathe" or "I'm alive."

There'll be many an adventure and quest –
The land of love stretches far and wide.
Every knight faces test after test
And challenges each step of the ride.
They will deprive him of both peace and rest.
They will tear him asunder and divide.

But you can't turn the crazy from their way;
You know already that they'll pay
Any price – they'd give their lives up gladly.
They'll never let go, nor be torn away
From the magical threads that stay
Stretched out between them so sadly.

The fresh strong air – it made the chosen drunk.
It knocked them off their feet and raised the dead
If you've never loved you're truly sunk.
No, you've never lived nor breathed nor bled.

But most of those who love have truly drowned –
Well, you can't reach them, no matter how you try.
You keep count of them by gossip going round,
But the count is mixed with blood you can't deny.
We'll put candles on their beds and all around
When from unrequited love they come to die…

In one rhythm, their voices will unite
And their souls will walk through flowers bright!
They will share a single breath with eternity.
Yes, they will meet together with a sigh
On fragile bridges and ferries by moonlight –
On the universe's narrow crossroads, they'll be.

I will lay fields for those who are in love
Let them sing asleep or awake – let them thrive!
I am breathing, and this means – I love.
I love and this means – I'm alive!

1975

I Don't Like

I don't like things ending fatally
I won't tire: life can never be too long!
I don't like that there's any time for me
When I'm not singing out a joyful song.

I don't like if you're cynical or colder
But I don't care for too much of a buzz,
Or when some guy looks right over my shoulder
Reading my words – well, because!

I don't like when things are left half done
I can't stand it when a chat's ever cut short
I don't like shots in the back with handguns
And a point-blank shot really is no sport!

I can't stand tittle-tattle any way
And mudslinging's a right pain in the ass!
I hate it when I'm rubbed up the wrong way,
Or hearing metal scratched on glass.

I don't like it when someone gets too cocky
I'm hoping their brakes fail in a while.
It irks me no-one now holds honour dearly
And only backstabbing is in style.

And when I see those sad broken wings,
I feel not a jot of pity for their loss.
I don't like either violence or weakness in things.
I pity only Christ upon the cross.

I don't like myself shivering with fright.
I hate the battering of innocents.

When they worm into my soul with spite –
Or worse, when they spit in it.

I don't like the racetrack or arena shout
They cheat millions from all our little pennies
And no matter what big changes come about –
I will never like any of these!

1969

About Love in the Middle Ages

I've slain a hundred Saracens in her name
I pledged them for this lovely maiden's fame
But the king has in his sights
A joust for all his knights
I hate each famous king and I hate his game!

Well, here's my rival – the Round Table's best;
The king has sent before my lance another's breast!
But my lance is aimed to start
At my tender lady's heart –
These cruel royal affairs, I do detest!

His coat of arms displays hangman's noose
Well I'll hole it like a ship when I cut loose
He's the favourite of the king
But no favours will I bring.
I have no truck at all with this king's abuse.

The king insists he'll beat me easily
And remarks, "Rest in Peace" with eager glee.
I'll be for worms and dead
When she marries him instead
I hate this dastard king in full degree!

The sign is given – we're riding fit to bust.
Our steeds charging, choking, raising dust
Our visors both go down
Now the king begins to frown.
By god today, it's in my sharp steel I trust!

Well it's all over, so let the battle pass
His blood is shed and drying on the grass
The king shuns this victory

But now she belongs to me
And now his golden crown has turned to brass.

But our castle never saw happy days
The king sent me to campaign far away
And she won't wait for me –
I'm a vassal now, I see.
It seems I must like kings, anyway.

1969

Cholera

No, nobody here buys any food now
We're all holding tightly to our dough.
Cholera is scything down the ranks, now
But the people stand firmly in a row.

The mountains are blocked and Aeroflot's in debt
In Astrakhan, those melons burn in vain
But the worker will not lay down his tools yet
And, yes, the bonds of health will grow again.

Loss is endured all across our homeland
But there is faith, the faith is firm –
A fight to the death is now at hand
To beat cholera, the miserable little germ.

On labour watch, the people rose against you,
In tribute to the battle on disease.
No pasaran! Cholera shall never pass through!
Cholera – your ball is over! That's it, please!

She can never pass – she does not dare
Break through a picket thousands strong –
I met her, pale as death, somewhere,
A frail skeleton column, thousands long.

Yesterday, I dealt the Queen of clubs out,
And said "You're a joke, you, cholera!"
Yes, I've got you, cholera, I call your bluff out,
No, you're nothing but a chimera.

And now my mind is settled and less vague
I feel myself like Gulliver alone

And I've understood: cholera is no plague –
And everyone has a cholera of his own!

I'm certain: the cholera will burn out soon.
And now – a volley of a thousand guns!
Forward! Cholera will be out of tune.
Choleric people are the liberated ones.

1971

A Song about Rumours

The stream of rumour in our ears is remorseless
It burrows in and in as you think.
That prices are soon going up and up, of course, yes –
Especially trousers and strong drink!

And like flies
Through the air,
Rumours swarm
Here and there;
They're spread by toothless biddies, all these rumours everywhere!
Constant rumours everywhere!

Hey, they've built a whole town right under the ground, yes...
They say it's in case of nuclear war.
And soon the *banyas* in the town are all going be shut down, yes!
This is true – I know it for sure.

And like flies
Through the air,
Rumours swarm
Here and there;
They're spread by toothless biddies, all these rumours everywhere!
Constant rumours everywhere!

And have you heard that Mamykin will be rested
For his drunk and debauched hysteria?
And the neighbour we detested, well last night he was arrested.
Because he looks like Lavrenty Beria.

And like flies
Through the air,
Rumours swarm
Here and there;

They're spread by toothless biddies, all these rumours everywhere!
Constant rumours everywhere!

You know they say when they were digging the drains out,
They found two streams of cognac bursting through.
And who knew the Jews again have been poisoning the rain, now?
And that our bread is made with fish scales, too!

And like flies
Through the air,
Rumours swarm
Here and there;
They're spread by toothless biddies, all these rumours everywhere!
Constant rumours everywhere!

Hey have you heard there are widespread cancellations?
They say even the army march is off.
And I heard at the station, everything's banned for the duration
And we'll all be banned, so bugger off.

And like flies
Through the air,
Rumours swarm
Here and there;
They're spread by toothless biddies, all these rumours everywhere!
Constant rumours everywhere!

Rumours are long hardened by battle after battle –
They spread out and out through the land.
Now the gossip says that soon there'll be a stop to tittle-tattle
And there are rumours that gossip will be banned!

But like flies
Through the air,
Rumours swarm
Here and there;

They're spread by toothless biddies, all these rumours everywhere!
Constant rumours everywhere!

And no matter if it's a murmur or a shout,
A bad rumour will find a tongue to wag.
But people start to doubt when good rumours get out;
They say they're just an old wives' nag.

But like flies
Through the air,
Rumours swarm
Here and there;
They're spread by toothless biddies, all these rumours everywhere!
Constant rumours everywhere!

1969

From Moscow to Odessa

I'm flying again from Moscow to Odessa –
And again our plane is not allowed to go!
Now our blue-clad stewardess glides by like a princess –
Quite as reliable as the air force, you know.

Over Murmansk – there are no clouds at all
And you can fly straight to Ashgabat today.
Kishinev, Kharkov and Kiev are entirely clear of squalls
And Lvov, too – but nothing going my way.

They said to me: "Just forget it for today –
It really isn't even worth a prayer!"
"The Odessa flight's delayed" crackles out the damned PA
"The runway is now icebound," they declare.

Ice is gushing off the roofs in Leningrad
So you could head off there, you know.
In Tbilisi, I'm glad, not a warmer day's been had!
But it's Odessa where I want to go.

Hear that: Rostovites are taking off ok!
But it's to Odessa that I need to go!
But for traffic heading that way, there's a three days delay
So, yes, I'm stuck in Moscow, you know.

I just need to go where snow is piling high
Where tomorrow, more snow is on its way.
Of course somewhere nearby, there is sun and clear blue sky;
It's nice but not my route today.

So we can't leave here and we're not accepted there
I'm really cheesed off. But then we hear a quiet PA:

The stewardess drones "Take care, we will soon be in the air."
As reliable as the air force, every day!

The remotest of airports have a clear runway –
In places they couldn't pay you to go!
Even Vladivostok, they say, has opened up today
Paris, too, but that's not my aim, you know.

We'll be off when it clears – the ban's lifted, but
While the plane's vibrating and the turbines roar
 I'm doing my nut – what if Odessa's still shut
There could be as many problems as before.

I need to go where it's blizzarding and how!
And snow is promised for another day
London, Delhi, Magadan yes, they're open now
They're all open, but none are on my way.

Shall I laugh or cry, we're grounded once more
And she leads us from our seats and off the plane
Slim as a TU134, our stewardess like before
As reliable as the air force, again.

And on the PA – won't be until eight they admit
And folks fall asleep anew
I'm sick and tired of it, so you know, damn it –
I'll fly wherever they'll take me to!

1968

The Fir Fronds Tremble

The fir fronds tremble from their own weight
All the birds quietly twitter with fear.
Your forest is in an enchanted state
And you cannot ever leave here.

Let bird-cherry blooms dry like clothes in the breeze
Let sweet scented lilacs patter like rain.
Yet I will take you far from here, if you please,
To a palace where pipes play again.

For a thousand long years, sorcerers hid your land
From me and the whole world outside.
So to you there's nothing lovelier nor more grand
Than this forest, enchanted and wide.

Let there be no drops of dew on the dawnlit trees
Let the moon quarrel with the cloud-thick sky.
Yet I will take you far from here, if you please,
To look seawards from a *terem*[16] on high.

On which day of the week, and what time
Will you warily come out to me?
When will I carry you in these arms of mine
To a place hidden for just you and me?

I will steal you away, if you like the thief so –
Or have my efforts all been in vain?
Maybe to paradise in a tent we could go
If the palace is booked out again?

1970

---

[16] In ancient Russia – a dwelling in the upper part of a building or a separate house in the form of a tower.

The Mountain Lyric

My shaking hands are still at last;
It's time – climb on!
All my doubts have dropped into the past
Forever; my fear's gone.

There is no reason now to stop.
I'll hike on, I will glide!
There is not a single mountaintop
I can't take in my stride!

Of all the winding untrod tracks –
Let one be mine!
Of all the soaring unclimbed peaks –
One will be mine.

The names of those who passed away
Are hidden in the snow.
Of all the winding untrod ways
One is mine, I know.

The deep blue glow of icy sheets
Will cloak the mountain side,
And the secret marks of someone's feet
The granite will hide.

I see my vision's destiny;
I know where to go.
I believe in the truth and purity
Of words and snow.

The years may come, the years may go
But I will recall

My inner doubts died here I know –
Once and for all.

The water whispered to me then:
"Good luck all your days!"
But what day did this occur, and when?
Ah yes, Wednesday!

1969

Again It Seems I'm Struck Down with the Chills

Again it seems I'm struck down with the chills
My heart's rattling like a stone inside a tin
This furry angry slob inside me makes me ill
With his gnarled and calloused hands he gets stuck in.

Well after paying attention to my "brother,"
My friends all said: "He'll soon go on a spree!"
I can't bear to be with him, I feel completely smothered
Because he grabs all the air instead of me.

He's not my double nor a second "me"
Explaining him away is just foolishness
He's my flesh and blood, my own bad blood you see –
Even Strugatsky[17] would never dream of this.

He's waiting for me to end my mortal coil
With my own hand he'll create a line for free.
And I will become niggardly and cruel
And sell everyone – gross or separately.

I'm not looking for excuses at all
I don't care if life slides and melts away.
But I will not forgive the moments when I crawl
As he takes over me and has his way.

But I summon up the last of my strength
Logic can never vanquish him
So I force poison down my throat at length
Let him drink it, let him die – I've beaten him!

<1979>

---

[17] The Strugatsky brothers, Arkady and Boris, were Russian science fiction writers, famous for their outlandish scenarios and their series of stories set in the Noon Universe.

A Song about Stars

I will always remember this dreadful fight.
The air soaked with death all around.
Like silent raindrops from the dark sky of night
Stars falling on the ground.
Like silent raindrops from the dark sky of night
Stars falling on the ground.

I made a wish – as another star fell –
To emerge alive from this fight.
That's how my life is bound fast as well
To a silly star and its light.
That's how my life is bound fast as well
To a silly star and its light.

I thought that trouble had safely passed by
And I'd managed to wriggle away.
But a shooting star came down from the sky
To hit my heart that day.
A shooting star came down from the sky
To hit my heart that day.

They told us all: "You have to get high!
 Don't spare the ammo, men.'"
And a second star fell – and not from the sky
But on your shoulders,[18] again.
And a second star fell – and not from the sky
But on your shoulders, again.

As many stars in the sky as fish in the sea –
There's enough there for everyone.
If it weren't for my death I would now be

---

[18] A star on the epaulets, i.e. a promotion.

A hero in the sun.
If it weren't for my death I would now be
A hero in the sun.

I'd have given my son the star to hold
To keep for the memory,
But the star in the sky is growing quite cold
With nowhere to fall, you see.
But the star in the sky is growing quite cold
With nowhere to fall, you see.

1964

The Crystal House

If I were rich as the King of the Sea,
Just shout to me: "Come, get caught!"
All my world, over and under the sea,
I'll splash out without a thought!

The crystal house on the hill is for her;
I can live chained like a dog 'til I'm old.
My springs of shining silver for her
My shoals of glowing gold.

If I were alone as a dog, and poor too,
And my house was an empty shell
I know that God would help me get through:
And not let my life crumble to hell.

The crystal house on the hill is for her;
I can live chained like a dog 'til I'm old.
My springs of shining silver for her
My shoals of glowing gold.

I can't compare any woman to you –
You can kill me, or shoot me to hell.
See how with wonder I look upon you
Like the Madonna by Raphael!

The crystal house on the hill is for her;
I can live chained like a dog 'til I'm old.
My springs of shining silver for her
My shoals of glowing gold.

1967

Farewell to the Mountains

To the rushing of cars and the buzz of the town
We always go back – there's no other way.
From the high mountaintops, we always come down –
Leaving our hearts,
Leaving our hearts in the mountains!

There is no more to say, friend, you must see.
I have proved to myself it is so:
Better only than mountains can be
Mountains you've yet to know.
Those mountains you've yet to know.

Who would be alone when they've been brought low?
Yet who can ignore it – the call of the heart?
But we always come down from the mountains, you know.
What can we do when the gods,
Even gods, descend to Earth?

So many songs and words and stories
The mountains inspire and beg us stay.
But we'll come down and forget their glories.
Yes, we must come down one day,
Yes, we always come down one day.

There is no more to say, friend, you must see.
I have proved to myself it is so:
Better only than mountains can be

Mountains you've yet to know.
Those mountains no-one yet knows.[19]

1966

---

[19] "Better only than mountains can be/ Mountains you've yet to know." This phrase from the song is an aphorism in Russia, and the song is an anthem for Russian hikers and climbers. It appears in the movie *Vertical* (1967), in which Vysotsky starred and performed several songs.

Ice

Ice everywhere, ice over the ground.
The chill lasts all year round, ice over the ground.
It's as if there's no spring nor summertime;
The freeze dressed the Earth in a treacherous rime –
People slip up and fall on the ground.

Ice everywhere, ice over the ground.
The chill lasts all year round, ice over the ground.
Ice everywhere
Ice over the ground.
Ice everywhere
Ice over the ground.
The chill lasts all year round, ice over the ground.

Even if you could fly the world around
Never touching your feet upon the earth.
If not you, someone will slip on the ground
On the ice, will come tumbling down,
And they'll trample him to death.

Ice everywhere, ice over the ground.
The chill lasts all year round, ice over the ground.
Ice everywhere
Ice over the ground.
Ice everywhere
Ice over the ground.
The chill lasts all year round, ice over the ground.

1966/67

A Song about the Earth

Who was it said: "Earth's scorched away;
Now no seeds will ever grow"?
Who was it said: "Earth died on this day!"?
No, no, she is just lying low.

You can't take the mother from Earth
Or ever bail dry oceans' furrow
Who says that the Earth's burned to death?
No, no, she's just blackened with sorrow.

Deep trenches slice in like gashes;
Craters gape like a wound's stain.
Bare nerves protrude from Earth's ashes
And feel all the unearthly pain.

She will wait and bear with all things.
Don't think that her lifeline is severed.
Who said then the Earth never sings?
Or that she will be silent forever.

No! She's ringing, filling each hole –
Each cut, each gash and each wound!
Because the Earth is truly our soul
You can't trample the soul in the ground.

Who was it said: "The Earth died on this day!"?
No, no, she is just lying low.

1969

Every Night, Candles Are Lit for Me

Every night, candles are lit for me
And your image flickers in the flame.
Don't say that time will heal me
And everything passes just the same.

No, I'll never find peace again,
For you took my whole soul with you –
First to the port then on the plane,
You unknowingly took it too.

Every night, candles are lit for me
And your image flickers in the flame.
Don't say that time will heal me
And everything passes just the same.

There's an empty desert in my soul;
All you see is a vacant land.
Trash and cobwebs in this dustbowl
All the rest she took in her hand.

Now evening lights the candles for me,
And your image flickers in the flame
Don't say that time will heal me
And everything passes just the same.

All roads are going nowhere in my soul.
Dig in and there's nothing to see –
Half-phrases, half songs, nothing whole;
The rest is France and Paris.

So let evening light candles for me,
And your image flicker in the flame.

Don't say that time will heal me
And everything passes just the same.

1968

In the Beginning Was the Word, of Sadness and of Pain

In the Beginning was the Word, of sadness and of pain
The Plan was being born out of the agony of creativity,
Huge chunks were ripped from off the land, and flung into the main
To become islands in the sea.

And voyaging across the world, with neither flag nor freight,
Through eras, epochs, eons as years and centuries roll,
A hermit and a vagabond, each island made its fate
But kept the mainland soul.

In the Beginning was the Word but the words all ran out,
And sailors already inhabiting the oceans wide,
Rushed onto the islands up the gangplanks with a shout
Naming them ships in their pride.

But the mainland holds tightly, with a grip faster than death,
And the islands will come home again for sure.
While winds of the ocean prevail in every breath,
The ships keep mainland honour and law.

Will the scientists forgive us, for this beguiling metaphor
And our liberal interpretation of the theory?
But if there was any first word on Earth, and came before,
That word was almost certainly the "Sea."

1974

Summit

Here's too bleak for you,
Too high for you –
The avalanches fly from the sky on you.
Rock after rock tumbles down into the dale.
You could just stop,
Walk around the drop,
But we picked the hard route to the top –
The high-risk path, the military trail.

You guard your health,
Look after yourself,
But you never truly test yourself
Though down below you catch stars from the sky.
You're fine below,
But you'll never know
A tenth of the beauty and wonders on show
Up here – however much you try.

No rosy wreath
For the deceased –
The stone that fell and gave you peace:
It is no monumental stone.
The shining ice,
The emerald spire,
Up high the everlasting fire
You've not conquered on your own.

Yes, let them talk,
Let them talk again,
But nobody ever dies in vain –
Best die this way than from vodka or the flu.
More will try the test,
Give up their rest,

Take the risk and strive for best
And make the walk that seems too hard for you.

The cliffs are steep
Don't go to sleep!
Luck won't keep you from the deep.
You can't depend on ice nor rock up here.
We rely on hands,
A friend's strong grip
And hammering in our trusty clip –
Our insurance to overcome our fear.

We hack our steps.
There's no return.
Your knees just quake and start to burn.
And your heart pounds right out of your head
You hold the world,
You feel the thrill,
And yet you feel a little envious still
Of the lucky ones who've still the climb ahead.

1966

The Parrot's Song

Listen up, everyone – wowo, hey-eee!
I am the bold Parrot – pirate of the sea-eee.

I was born in exteen hundred and two
In a banana or maybe liana tree.
My papa was a pa-pa-parrot or a cockat-atoo
Who couldn't t-talk at the time, you see?

But then I was snatched, from the virgin forest,
The plunder of Señor Fernando Cortes.
"Señor Cortes n-no!" yelled my poor pa-papa
But papa's parley powers didn't stretch that fa-far.

For revenge I practised, pummelling my brain
Repeating just three words again and again.
Repeating, repeating, draining the bucket:
"Caramba!", "Corrida!" and lastly "Ohdamnit!"

Listen up, everyone – wowo, hey-eee!
I am the Parrot – pirate of the sea-eee.

On the voyage back a storm so big
Battered us until I was parrot-sick
And then the fierce crew of an English brig
Boarded us, and the fighting was thick.

Hand-to-hand, they went at it two days
Then the foul pirates took me away.
That's how I went tripping on various ships
In the Atlantic, the Tropics, and the Antarctics
Sailing on various pirate ships.

They gave me coffee, cocoa and stew,
So I'd say to them politely "How do you do?"
But I'd always mutter from dawn to dusk this:
"Caramba!", "Corrida!" and "Well damn this!"

Listen up, everyone – wowo, hey-eee!
I am the Parrot – pirate of the sea-eee.

I was a pirate parrot for a long, long time,
Then some little loser of a sailor lost it
He sold me as a slave for just a dime
Even though I was talking like I bossed it!

The Pasha of Turkey snapped his blade in two
When I piped up, "Pasha, salam to you!"
And that perplexed Pasha had a fit all right,
When he found, I could dance, read and write!

Well, I've seen India, Iran and Iraq
But I'm me, not a polly-parrot wisecrack.
Only savages give this any truck:
"Caramba!", "Corrida!" and, well, "Damn!"

1973

In Spite of All the Things I Do on Land

In spite of all the things I do on land.
No matter how problems fall on me –
Sailors, let me sail out as your hand!
I'll cover all the watches out at sea!

And when I stumble writing verse,
And rhythm and rhyme become a bore,
I'll sing of salty sailors, that's my curse,
And squeeze the frets 'til every finger's sore!

In spite of all the things I do on land.
No matter how problems fall on me.
Sailors, keep a boat on hand,
And a ready glass of vodka just for me!

Any beast can swim out through the blue
But not all dive down beneath the screw.
Yet here on land the walkers hustle you –
They kick and shove and then they run from you.

In spite of all the things I do on land.
No matter how problems fall on me.
Sailors, let me sail out as your hand!
I'll stand on all the watches out at sea!

The world's not delayed by three whales' labours
But three can very often make a crowd.
You can't bend the rules in foreign harbours
But I forgot that in ours it is allowed.

In spite of all the things I do on land
No matter how problems fall on me.

Sailors, keep a boat on hand,
And a brimming cup of dark rum just for me!

1972

To the Cold

To the cold, to the cold[20] –
Far from where we know best,
As we find alien cities gain a hold.
Could be Minsk, could be Brest.
To the cold, to the cold.

Not for nothing at all
We leave our own poplar trees,
When we hear these hard cities call –
As if there's more there to please.
Not for nothing at all.

Though we're warm here at home
We can never find rest:
For new thrills and new friends we roam –
As if we're in distress,
As if it's warmer than home.

And of course we will share
Great times when we're far.
But we'll always come home, I swear.

Where then is our true star?
Maybe here, maybe there.

1965

---

[20] Vladimir Vysotsky said in an interview that this song in the style of a pre-war waltz was inspired by a song by Nina Urgant, a Soviet and Russian film and stage actress.

To the Top[21]

You walk on the glacier's brink
Your eyes fixed on the mountain's top.
The mountains sleep, breathing clouds in,
Breathing out avalanches non-stop.

But all the time they are watching out for you
It's as if they have made a pledge
To warn you of the looming dangers too
With the falling rock and the failing ledge.

The mountains were aware when trouble came.
Billowing smoke cloaked the mountain sides.
But then to you it all seemed the same:
The bursting shells and tumbling landslides.

And if you asked for help at all.
The rocks echoed back booming rallies
And the fierce wind blew the mountain's call
Like radio signals through the valleys.

And when a battle for a pass reached its height,
To save you from the enemy's eyes,
The ribs of stone hid you from sight
And the rock's shoulders became your disguise.

It's a lie that clever men stay clear of mountains;[22]
You refused to believe what they said.

---

[21] This song is in memory of Mikhail Khergiani, "The Tiger of the Mountains." He was a famous Georgian alpinist who died in 1969, aged 37. He won many rock climbing championships and was one of the most popular of all Soviet sporting heroes. A peak in the Turkestan range is named after him. So is the planetesimal N3234, discovered in 1987.

[22] A Russian proverb, which says someone clever will not go up a mountain; they will go around it.

So the granite softens, ice melts to fountains
And the fog beneath you's like a downy bed.

If you lie down forever in the eternal snow,
The mountains will arch and they will bend
Over you – as if you're one of theirs, you know –
A headstone that will last to the end.

1969

Save our Souls

We're going underwater
We can do it for a year.
Submerged in neutral water,
Weather doesn't matter.
If we chance to be found
As sonar picks up the sound –
They will hear our fear.

Save our souls, we're going!
We're delirious from lack of air!
Save our souls, we're going!
We've not much time
Coastguard, we are fading
Our SOS is dying, dying
In pain our souls are ripping
There's not much time.

Our aorta's are getting torn
We don't dare go up top
There on the port board
There on the starboard
There straight ahead
The horns of the dead
Bring us to a stop.

Save our souls, we're going!
We're delirious from lack of air!
Save our souls, we're going!
We've not much time
Coastguard, we are fading
Our SOS is dying, dying
In pain our souls are ripping
There's not much time.

Down below we are all free
This is our world here.
But in a well-mined sea
Surfacing's insanity.
"Get a grip, or for sure
We'll soon ram the shore!"
Our commander shouted clear.

Save our souls, we're going!
We're delirious from lack of air!
Save our souls, we're going!
We've not much time
Coastguard, we are fading
Our SOS is dying, dying
In pain our souls are ripping
There's not much time.

We'll surface when dawn comes –
An order is an order
If we have to die young, boys
It's better in the sun, boys!
Our course is not marked
Lost in the dark... lost in the dark!!
So please remember.

Save our souls, we're going!
We're delirious. We have no air!
Save our souls, we're going!
We've not much time.
Coastguard, we are fading
Our SOS is quickly dying,
In pain our souls are ripping
There's not much time.

So we went up indeed
That's the way it goes

To the docks at full speed
Every nerve seems to bleed
An end to our suffering
To all ends and beginnings –
We're off to our moorings
Instead of torpedoes!

Save our souls, we're going!
We're delirious from lack of air!
Save our souls, we're going!
We've not much time
Coastguard, we are fading
Our SOS is dying, dying
In pain our souls are ripping
There's not much time.

Save our souls
Save our souls

1967

Lads, Send Me a Letter

I've not managed to last out my first term yet
I'll get another year or maybe four
Lads, send me a letter – please, I'm set:
How are things in that free world of yours?

What do you drink? We hardly drink a thing!
Here it even snows in summer...
Lads, please tell me everything
Nothing happens here; it's a bummer.

Oh I miss you in lots and lots of ways –
I want to see your faces very dearly!
And Nadyukha, who's she with nowadays?
If she's single, tell her write to me quickly.

Only the Final Judgment is so scary!
A letter would be a lifeline for me –
Maybe, I won't get it – they'll be wary.
But, lads, please just write to me!

1964

Rock Climber

So I asked you: "What're you going up the mountains for?"
But you kept heading on – in your hunger for the fray
"Mount Elbrus?" I said, "You saw it from the plane before."
Then you laughed at me, said: "Come with me today."

Since then you've been so sweet and affectionate to me:
You're my mountaineer, my bold rock climber!
And the first time you pulled me from a crack so nimbly,
You smiled at me, my bold rock climber.

And because of all those cursèd little cracks
That I got stuck in as I praised the lunch you made,
You swung round, and would give me two little smacks.
But was I upset? No – remember what I said:

"Oh how affectionate, and how kind to me,
My lady mountaineer, my bold rock climber!"
Every time that you pulled me from a crack so nimbly
You'd scold me, my bold rock climber.

And on every step of every climb
You just would never trust in me, dear.
You roped me in a little tighter to you each time.
My latex-supple mountaineer.

"Oh how unaffectionate, how unkind to me,
My lady mountaineer, my bold rock climber!"
Every time that you pulled me from a crack so nimbly
You'd scold me, my bold rock climber.

With my last strength, I pulled after you
And now you are just arm's length away.

"Enough, dear," I will say as I climb up to you
But I just barely manage to say:

"Oh how affectionate, and how sweet to me,
My mountain-side love, my bold rock climber!"
Now you and I are roped together, see,
And you and I are both rock-climbers.

1966

So Many, Many Years

So many, many years
Everything's like before:
Neither cash nor girls appear,
I can't have them any more.

No matter how I used to steal
I tried day after day.
I should have saved a great deal
But I drank it all away.

I have no roof and no walls
Nor the skin I had before
And I haven't any friends at all,
I can't have them any more.

I've vodka for only three
And my hearts just with spades will go
My pancakes: they're all lumpy
And not just the first – I know![23]

<1962>

---

[23] There is a Russian saying: "the first pancake is always lumpy" – that is, it does not matter if the first time things have not worked out, since it will be fine afterwards.

They Keep Telling Us Sincerely

They keep telling us sincerely
"Without you, we will die bored"
We go everywhere together, we three.
It's nonstop singing, chord by chord!

Without us, you can't celebrate a birthday
Without us, you can't get wed.
Now we're off to bring joy again in our way
To a new housewarming spread.

We're struggling every day to find a minute
To drink with this crowd, to sing with that
If we had a week with eight days in it
We'd still have no time for a chat!

Yes we're getting by but he's in poor health –
He should eat, and sleep away
But you can't manage without us – what else?
What else can we say?[24]

1964

---

[24] "What else, What can we say" echoes the opening letter of Tatyana's letter to Onegin "I write to you. What else? What else can I say?" in Pushkin's *Eugene Onegin*, which is famously about boredom.

A Song about Time

Time hides the old castle
And wraps it among
Delicate carpets of greenery.
But…if the silent granite loosens its tongue,
Frozen tales of the past will soon be sung –
Ancient battles, heroes and victories.

No, time never wiped out these memories:
Just peel off the covering weeds.
Or grab it fast by the throat and then squeeze –
It will cough up those forgotten deeds.

A hundred castles will fall,
A hundred shackles will fall,
A hundred rainstorms will fall,
From the centuries, they'll fall
And, from the old legends, hundreds of poems recall
Those jousts and those sieges and warriors tall.

Yes, you must know them – these ancient lays,
You see and understand them well, friend.
For love of course will be love always
Into the future, and on without end.

Swords come swinging down with a clang of cold steel,
Bowstrings smoke and quiver,
Death on sharp spears dancing a reel.
In the bloody dirt, foes forced to kneel,
To the victor cry mercy, surrender.

Not all of those lucky survivors
Kept kindness awake in their eyes.

But they kept their good name alive, yes,
In the face of the bastards' lies.

It's good to grip firmly the reins of your horse
And hold on to your lance with muscular force
It's good to look out for an arrow on course
But beware of sly darts from a devious source!

How's the fight with the bastards? Going ok?
Do the devils fill you with sorrow?
But surely you know what is evil today
Will be just as evil tomorrow?

And so in the future for evermore
Traitors and cowards will always bleed
A foe is a foe and war is still war
A prison's a trap, but freedom is sure –
And freedom is what we all need.

Time never vanquished these notions.
Just scrape off the covering mud,
And a flood of timeless emotions
Will gush from the throat like hot blood.

Now, and forever, old friend, still the same
The price is the price, and blame is still blame
But you manage still to preserve your good name.
And you've all those loyal friends to cover your shame.

Be simple, be pure, the ancient tales say
So let legend and myth be our teacher
For good's always good, yes, this is the way –
In the past, the present and the future.

1975

My Hamlet

Let me explain myself a little in poetry –
I've no authority to talk of other things, or right.
I was conceived the proper way: sinfully –
In the sweat and stress of a wedding night.

From the beginning, I knew the way of things:
The higher we rise, the sterner we must be.
I moved with certainty, knowing I'd be king,
And I behaved with princely majesty.

I was sure the world would fall my way.
I would never feel inferior or cast down.
And all my friends at school or in swordplay
Would serve me, as their fathers, and the crown.

I never thought for a second what I said –
I just scattered my words upon the breeze.
And these high-ranked children gave me my head:
What I suggest, everyone agrees.

We became the very plague of everyone's life;
Even the night watch were scared of us.
I slept on skins, and ate meat off the knife –
And tormented any horse that made a fuss.

I knew, one day, they'd say to me: "You reign!"
From my birth, I was branded with this mark.
I was giddy in the harness, not quite sane –
Words and books were just another lark.

I could smile with lips alone convincingly
And hide my anger closed within my head,

Because a fool had trained me perfectly –
"Alas! Poor Yorick!" Now the fool is dead.

But, one day, I refused my share in the divide
Of the rewards and privileges of kings.
I felt new sympathy for the little page who died,
And quietly steered around the green saplings.

The very thought of hunting made me sorry.
I even began to hate all the hounds.
I'd spur my horse away from wounded quarry
And lash the beaters fiercely from their bounds.

With each passing day, our games to me
Seemed like violent rampage more and more
And each night, I was washing secretly
To cleanse myself of the filth of war.

I became more oblivious each day,
I missed entirely the intrigues of family
I detested the people around me and their ways.
And buried myself in all my books avidly.

I sought knowledge, like a spider, greedily.
I devoured each theory as it unfurled.
But what's the point in science and philosophy
When they're firmly rebutted by the world?

Ties to childhood friends frayed in me;
Ariadne's thread turned out to be a plot!
I fretted over "to be or not to be,"
As if it was an undoable knot.

But this sea of troubles rolls on and on,
And our arrows fall like millet through a sieve

We sift only ghostly answers, 'til they're gone,
To the most pretentious question ever conceived.

Through the soft hum, I heard my forebears' call
And followed. But doubts caught up with me.
Heavy thoughts slowed me to a crawl
And my solid flesh pulled graveward cruelly.

The days soldered me to alloy so soft
That it crumbled even as going hard.
I've shed blood like everyone so oft
That I could not deny vengeance's card.

My route to death's a failure so far.
Ophelia! I do not accept decay.
But by murder I made myself on par
With the one I in the soil did lay.

I am Hamlet. I despised violence entirely.
I cared nothing at all for the Danish crown.
Yet for it, to them, I fought so savagely
That I killed my rival and bought him down.

The spark of genius is like a fever –
At its birth, death looks askance.
We go on answering trickily for ever,
Yet we don't ask the right question once.

1972

ABOUT THE TRANSLATORS

John Farndon is a widely published, award-winning author of books about science and nature, and an acclaimed translator of Russian and Central Asian literature. He was joint winner of the 2019 EBRD Literature Prize with his verse translation of Hamid Ismailov's *The Devil's Dance*, and a finalist in 2020 for the US PEN Translation award for Rollan Sesyenbaev's *Dead Wander in the Desert*. He is also a songwriter, poet and performer, who has performed with the legendary folk violinist Dave Swarbrick. His songs have been recorded by rising folk musician Kim Lowings and others. His poetry has been translated into Russian, Uzbek and Kazakh.

Olga Nakston is from St Petersburg but now lives in London. She has collaborated with John Farndon on many translations of Russian literature, including Ravil Bukharaev's *Letters from Another Room*, the poetry of Lidia Grigorieva, and Rollan Sesyenbaev's *Dead Wander in the Desert*. She is currently working on an English translation of Auezov's libretto for Zhubanov's Kazakh opera *Abai*.

APPENDIX 1.
A LIST OF SONGS
IN ALPHABETICAL ORDER

A Ballad about Guns 19

A Ballad about Love 67
A Ballad about the Bath-House 49
A City Romance 17
A Parable about Truth and Lie (In imitation of Bulat Okudzhava) 36
A Song about a Friend 38
A Song about New Times 39

A Song about Nothing, or What Happened in Africa? 54
A Song about Reincarnation 61

A Song about Rumours 75
A Song about Stars 84
A Song about the Earth 90
A Song about Time 111
About Love in the Middle Ages 71
About our Meeting 57
"Again It Seems I'm Struck Down with the Chills" 83
All the Sons Leave for War 59
Brodsky's Song 40
Cholera 73
"Every Night, Candles Are Lit for Me" 91
Farewell to the Mountains 87
From Moscow to Odessa 78
He Has Not Come Back from the Fight 29
I Don't Like 69
Ice 89
"Ice below and Ice above" 33
"In the Beginning Was the Word, of Sadness and of Pain" 93
"In This Moment, I Love You" 34
"In Spite of All the Things I Do on Land" 98
"Katerina, Katya, Katerina" 56
Lads, Send Me a Letter 106
Masks 45
Mass Graves 53

Баллада об оружии ("По миру люди маленькие носятся, живут себе в рассрочку...")
Баллада о Любви ("Когда вода Всемирного потопа...")
Баллада о бане ("Благодать или благословение...")
Городской романс ("Я однажды гулял по столице...")
Притча о Правде и Лжи ("Нежная Правда в красивых одеждах ходила...")
Песня о друге ("Если друг оказался вдруг...")
Песня о новом времени ("Как призывный набат, прозвучали в ночи тяжело шаги...")
Песенка ни про что, или Что случилось в Африке ("В жёлтой жаркой Африке...")
Песенка о переселении душ ("Кто верит в Магомета, кто – в Аллаха, кто – в Исуса...")
Песенка о слухах ("Сколько слухов наши уши поражает...")
Песня о звёздах ("Мне этот бой не забыть нипочём...")
Песня о Земле ("Кто сказал: 'Всё сгорело дотла'...")
Песня о времени ("Замок временем срыт и укутан, укрыт...")
Про любовь в Средние века ("Сто сарацинов я убил во славу ей...")
О нашей встрече ("О нашей встрече что там говорить!..")
"Меня опять ударило в озноб..."
Сыновья уходят бой ("Сегодня не слышно биенье сердец...")
Песня Бродского ("Как все, мы веселы бываем и угрюмы...")
"Не покупают никакой еды..."
"Мне каждый вечер зажигают свечи..."
Прощание с горами ("В суету городов и в потоки машин...")
Москва – Одесса ("В который раз лечу Москва – Одесса...")
Он не вернулся из боя ("Почему всё не так? Вроде – всё как всегда...")
Я не люблю ("Я не люблю фатального исхода...")
Гололёд ("Гололёд на земле, гололёд...")
"И снизу лёд и сверху – маюсь между..."
"Сначала было Слово печали и тоски..."
"Люблю тебя сейчас..."
"Когда я спотыкаюсь на стихах..."
"Катерина, Катя, Катерина..."
Ребята, напишите мне письмо ("Мой первый срок я выдержать не смог...")
Маски ("Смеюсь навзрыд – как у кривых зеркал...")
Братские могилы ("На братских могилах не ставят крестов...")

Morning Gymnastics 47
My Hamlet 113
"My Tastes and Habits Are Unusual" 51
Rock Climber 107
Save our Souls 103
She's Been to Paris (to L. Luzhina) 42
"Ships Will Stay for a While" 64
"So Many, Many Years" 109
Stubborn Horses 14
Summit 94
"The Crown Is Smashed to Smithereens" 31
The Crystal House 86
The End to the Wolf Hunt, or Hunting from Helicopters 26

"The Fir Fronds Tremble" 80
The Height 44
The Mountain Lyric 81
The Parrot's Song 96
The Wolf Hunt 24
"They Keep Telling Us Sincerely" 110
"To the Cold" 100
To the Top 101
"What's the Point in me Talking to You?" 63
White Silence 65

Утренняя гимнастика ("Вдох глубокий, руки шире...")
Мой Гамлет ("Я только малость объясню в стихе...")
"И вкусы и запросы мои – странны..."
Скалолазка ("Я спросил тебя: 'Зачем идёте в гору вы?'...")
Спасите наши души ("Уходим под воду...")
Она была в Париже ("Наверно, я погиб: глаза закрою – вижу...")
"Корабли постоят – и ложатся на курс..."
"Сколько лет, сколько лет..."
Кони привередливые ("Вдоль обрыва, по-над пропастью, по самому по краю...")
Здесь вам не равнина ("Здесь вам не равнина, здесь климат иной...")
"В куски разлетелася корона..."
Дом хрустальный ("Если я богат, как царь морской...")
Конец "Охоты на волков", или Охота с вертолётов ("Словно бритва рассвет полоснул по глазам...")
"Здесь лапы у елей дрожат на весу..."
Высота ("Вцепились они в высоту как в своё...")
"Ну вот, исчезла дрожь в руках..." (Горная лирическая)
Песня Попугая ("Послушайте все – о-го-го! э-ге-гей!..")
Охота на волков ("Рвусь из сил – и из всех сухожилий...")
"Нам говорят без всякой лести..."
"В холода, в холода..."
К вершине ("Ты идёшь по кромке ледника...")
"Ну о чем с тобою говорить!.."
Белое безмолвие ("Все года, и века, и эпохи подряд...")

APPENDIX 2.
SHEET MUSIC

Stubborn Horses

Transl: John Farndon; Arr: Anthony Cable

Vladimir Vysotsky

Copyright © Vladimir Vysotsky & (transl) John Farndon

A City Romance

APPENDIX 2. SHEET MUSIC

The Wolf Hunt

trans: John Farndon; arr: Anthony Cable

Vladimir Vysotsky

1) I am straining with ev'ry last sinew but to-day is just like yes-ter-day. Got me cor-ner'd Got me in view and they'll joy-full-y chase down their prey. From the fir trees the shots are burst-ing from the hunt-ers' guns hid in the shade. In the cold white snow, the wolves are tum-bling; they're liv-ing tar-gets: a shoot-ing arc-ade.

Chorus

The wolf hunt has be-gun; It's draw-ing nigh; Vet'rans and cubs, come on, wolves, let's go! The dogs bark 'til they're sick, the beat-ers loud-ly cry: lines of red flags and blood up-on the snow 2) It's as

Copyright © Vladimir Vysotsky; & (translaton) John Farndon

He Has Not Come Back From The Fight

Transl: John Farndon; Arr: Anthony Cable

Vladimir Vysotsky

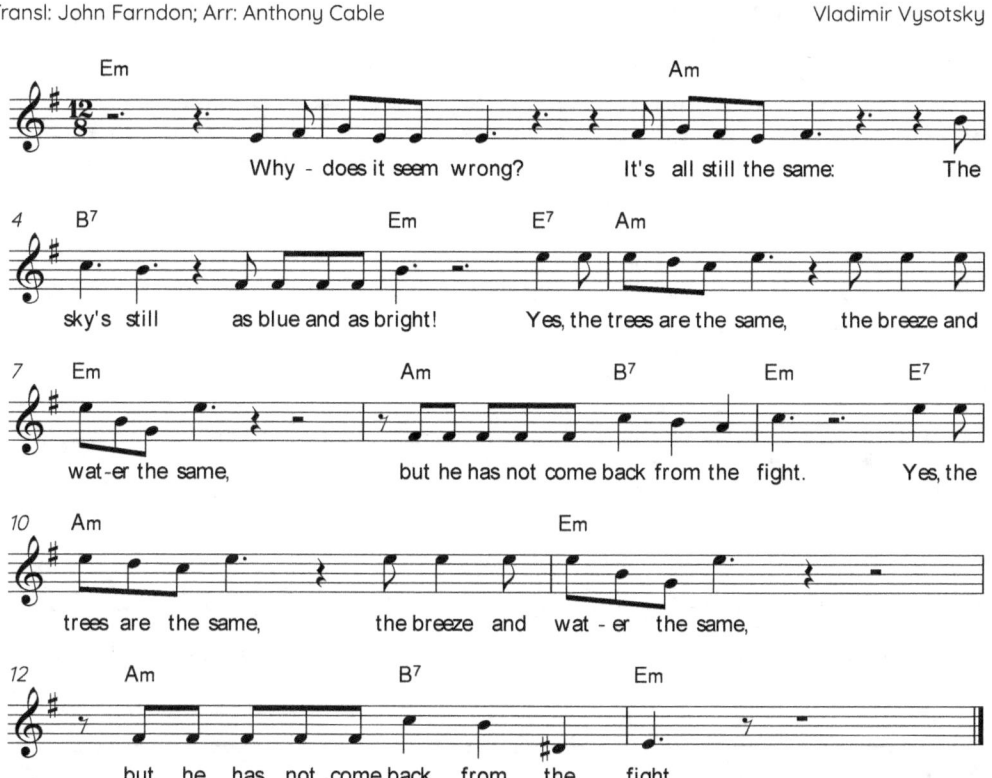

Copyright © Vladimir Vysotsky & (transl) John Farndon

(The Crown Is Smashed to) Smithereens!

Transl: John Farndon; Arr: Anthony Cable

Vladimir Vysotsky

Copyright © Vladimir Vysotsky & (transl) John Farndon

To the Cold

Transl. John Farndon, Arr: Anthony Cable

Vladimir Vysotsky

The Wolf Hunt
A Song about Nothing, or What Happened in Africa?

A Song about Reincarnation

A Song about Rumours
Brodsky's Song
A Song about Time
A Song about a Friend
A Song about Stars
A Song about the Earth
A Song about New Times

The Parrot's Song
A Parable about Truth and Lie (In imitation of Bulat Okudzhava)
About Love in the Middle Ages
Farewell to the Mountains
Lads, Send Me a Letter
Rock Climber
"So Many, Many Years"
"In the Beginning Was the Word, of Sadness and of Pain"
Save our Souls
All the Sons Leave for War
Morning Gymnastics
I Don't Like

Охота на волков ("Рвусь из сил – и из всех сухожилий...") 16

Песенка ни про что, или Что случилось в Африке ("В жёлтой жаркой Африке...") 45

Песенка о переселении душ ("Кто верит в Магомета, кто – в Аллаха, кто – в Исуса...") 52

Песенка о слухах ("Сколько слухов наши уши поражает...") 66

Песня Бродского ("Как все, мы веселы бываем и угрюмы...") 32

Песня о времени ("Замок временем срыт и укутан, укрыт...") 101

Песня о друге ("Если друг оказался вдруг...") 29

Песня о звёздах ("Мне этот бой не забыть нипочём...") 75

Песня о Земле ("Кто сказал: 'Всё сгорело дотла'...") 80

Песня о новом времени ("Как призывный набат, прозвучали в ночи тяжело шаги...") 31

Песня Попугая ("Послушайте все – о-го-го! э-ге-гей!..") 86

Притча о Правде и Лжи ("Нежная Правда в красивых одеждах ходила...") 27

Про любовь в Средние века ("Сто сарацинов я убил во славу ей...") 62

Прощание с горами ("В суету городов и в потоки машин...") 77

Ребята, напишите мне письмо ("Мой первый срок я выдержать не смог...") 96

Скалолазка ("Я спросил тебя: 'Зачем идёте в гору вы?'...") 97

"Сколько лет, сколько лет..." 99

"Сначала было Слово печали и тоски..." 83

Спасите наши души ("Уходим под воду...") 93

Сыновья уходят бой ("Сегодня не слышно биенье сердец...") 50

Утренняя гимнастика ("Вдох глубокий, руки шире...") 38

Я не люблю ("Я не люблю фатального исхода...") 110

A Ballad about the Bath-House
A Ballad about Love
A Ballad about Guns

White Silence
Mass Graves
"The Crown Is Smashed to Smithereens"
"To the Cold"
The Height
Ice
A City Romance
The Crystal House
Summit
"The Fir Fronds Tremble"
"My Tastes and Habits Are Unusual"
"Ice below and Ice above"
To the Top
"Katerina, Katya, Katerina"
"In Spite of All the Things I Do on Land"
The End to the Wolf Hunt, or Hunting from Helicopters

Stubborn Horses

"Ships Will Stay for a While"
"In This Moment, I Love You"
Masks
"Again it Seems I'm Struck Down with the Chills"
"Every Night, Candles Are Lit for Me"
My Hamlet
From Moscow to Odessa
"They Keep Telling Us Sincerely"
Cholera
The Mountain Lyric
"What's the Point in me Talking to You?"
About our Meeting
He Has Not Come Back from the Fight
She's Been to Paris (to L. Luzhina)

Баллада о бане ("Благодать или благословение...") 40

Баллада о Любви ("Когда вода Всемирного потопа...") 58

Баллада об оружии ("По миру люди маленькие носятся, живут себе в рассрочку...") 11

Белое безмолвие ("Все года, и века, и эпохи подряд...") 56

Братские могилы ("На братских могилах не ставят крестов...") 44

"В куски разлетелася корона..." 22

"В холода, в холода..." 90

Высота ("Вцепились они в высоту как в своё...") 35

Гололёд ("Гололёд на земле, гололёд...") 79

Городской романс ("Я однажды гулял по столице...") 9

Дом хрустальный ("Если я богат, как царь морской...") 76

Здесь вам не равнина ("Здесь вам не равнина, здесь климат иной...") 84

"Здесь лапы у елей дрожат на весу..." 71

"И вкусы и запросы мои – странны..." 42

"И снизу лёд и сверху – маюсь между..." 24

К вершине ("Ты идёшь по кромке ледника...") 91

"Катерина, Катя, Катерина..." 47

"Когда я спотыкаюсь на стихах..." 88

Конец "Охоты на волков", или Охота с вертолётов ("Словно бритва рассвет полоснул по глазам...") 18

Кони привередливые ("Вдоль обрыва, по-над пропастью, по самому по краю...") 7

"Корабли постоят – и ложатся на курс..." 55

"Люблю тебя сейчас..." 25

Маски ("Смеюсь навзрыд – как у кривых зеркал...") 36

"Меня опять ударило в озноб..." 74

"Мне каждый вечер зажигают свечи..." 81

Мой Гамлет ("Я только малость объясню в стихе...") 103

Москва – Одесса ("В который раз лечу Москва – Одесса...") 69

"Нам говорят без всякой лести..." 100

"Не покупают никакой еды..." 64

"Ну вот, исчезла дрожь в руках..." (Горная лирическая) 72

"Ну о чем с тобою говорить!.." 54

О нашей встрече ("О нашей встрече что там говорить!..") 48

Он не вернулся из боя ("Почему всё не так? Вроде – всё как всегда...") 20

Она была в Париже ("Наверно, я погиб: глаза закрою – вижу...") 34

СПИСОК ПЕСЕН
В АЛФАВИТНОМ ПОРЯДКЕ

Зов предков слыша сквозь затихший гул,
Пошёл на зов, – сомненья крались с тылу,
Груз тяжких дум наверх меня тянул,
А крылья плоти вниз влекли, в могилу.

В непрочный сплав меня спаяли дни –
Едва застыв, он начал расползаться.
Я пролил кровь как все – и, как они,
Я не сумел от мести отказаться.

А мой подъём пред смертью – есть провал.
Офелия! Я тленья не приемлю.
Но я себя убийством уравнял
С тем, с кем я лёг в одну и ту же землю.

Я Гамлет, я насилье презирал,
Я наплевал на датскую корону, –
Но в их глазах – за трон я глотку рвал
И убивал соперника по трону.

Но гениальный всплеск похож на бред,
В рожденье смерть проглядывает косо.
А мы всё ставим каверзный ответ
И не находим нужного вопроса.

1972

Умел скрывать, воспитанный шутом, –
Шут мёртв теперь: "Аминь!" Бедняга Йорик!..

Но отказался я от дележа
Наград, добычи, славы, привилегий:
Вдруг стало жаль мне мёртвого пажа,
Я объезжал зелёные побеги...

Я позабыл охотничий азарт,
Возненавидел и борзых и гончих,
Я от подранка гнал коня назад
И плетью бил загонщиков и ловчих.

Я видел – наши игры с каждым днём
Всё больше походили на бесчинства, –
В проточных водах по ночам, тайком
Я отмывался от дневного свинства.

Я прозревал, глупея с каждым днём,
Я прозевал домашние интриги.
Не нравился мне век, и люди в нём
Не нравились, – и я зарылся в книги.

Мой мозг, до знаний жадный как паук,
Всё постигал: недвижность и движенье, –
Но толка нет от мыслей и наук,
Когда повсюду – им опроверженье.

С друзьями детства перетёрлась нить,
Нить Ариадны оказалась схемой.
Я бился над словами "быть, не быть",
Как над неразрешимою дилеммой.

Но вечно, вечно плещет море бед, –
В него мы стрелы мечем – в сито просо,
Отсеивая призрачный ответ
От вычурного этого вопроса.

Мой Гамлет

Я только малость объясню в стихе –
На всё я не имею полномочий...
Я был зачат как нужно, во грехе –
В поту и в нервах первой брачной ночи.

Я знал, что, отрываясь от земли, –
Чем выше мы, тем жёстче и суровей;
Я шёл спокойно прямо в короли
И вёл себя наследным принцем крови.

Я знал – всё будет так, как я хочу.
Я не бывал внакладе и в уроне,
Мои друзья по школе и мечу
Служили мне, как их отцы – короне.

Не думал я над тем, что говорю,
И с лёгкостью слова бросал на ветер, –
Мне верили и так, как главарю,
Все высокопоставленные дети.

Пугались нас ночные сторожа,
Как оспою, болело время нами.
Я спал на кожах, мясо ел с ножа
И злую лошадь мучил стременами.

Я знал – мне будет сказано: "Царуй!" –
Клеймо на лбу мне рок с рожденья выжег.
И я пьянел среди чеканных сбруй,
Был терпелив к насилью слов и книжек.

Я улыбаться мог одним лишь ртом,
А тайный взгляд, когда он зол и горек,

Хорошо, если конь закусил удила
И рука на копьё поудобней легла,
Хорошо, если знаешь – откуда стрела,
Хуже – если по-подлому, из-за угла.

Как у вас там с мерзавцами? Бьют? Поделом!
Ведьмы вас не пугают шабашем?
Но... не правда ли, зло называется злом
Даже там – в добром будущем вашем?

И во веки веков, и во все времена
Трус, предатель – всегда презираем,
Враг есть враг, и война всё равно есть война,
И темница тесна, и свобода одна –
И всегда на неё уповаем.

Время эти понятья не стёрло,
Нужно только поднять верхний пласт –
И дымящейся кровью из горла
Чувства вечные хлынут на нас.

Ныне, присно, во веки веков, старина, –
И цена есть цена, и вина есть вина,
И всегда хорошо, если честь спасена,
Если другом надёжно прикрыта спина.

Чистоту, простоту мы у древних берём,
Саги, сказки – из прошлого тащим, –
Потому что добро остаётся добром –
В прошлом, будущем и настоящем!

1975

Песня о времени

Замок временем срыт и укутан, укрыт
В нежный плед из зелёных побегов,
Но... развяжет язык молчаливый гранит –
И холодное прошлое заговорит
О походах, боях и победах.

    Время подвиги эти не стёрло:
    Оторвать от него верхний пласт
    Или взять его крепче за горло –
    И оно свои тайны отдаст.

    Упадут сто замков, и спадут сто оков,
    И сойдут сто потов с целой груды веков, –
    И польются легенды из сотен стихов
    Про турниры, осады, про вольных стрелков.

    Ты к знакомым мелодиям ухо готовь
    И гляди понимающим оком, –
    Потому что любовь – это вечно любовь,
    Даже в будущем вашем далёком.

Звонко лопалась сталь под напором меча,
Тетива от натуги дымилась,
Смерть на копьях сидела, утробно урча,
В грязь валились враги, о пощаде крича,
Победившим сдаваясь на милость.

    Но не все, оставаясь живыми,
    В доброте сохраняли сердца,
    Защитив свое доброе имя
    От заведомой лжи подлеца.

Нам говорят без всякой лести:
"Без вас от скуки мы умрём!"
И мы всегда и всюду вместе –
Везде втроём, всегда поём.

Без нас нельзя на дне рожденья,
Без нас – и свадьбам не бывать.
И мы сейчас идём веселье
На новоселье поднимать.

Мы успеваем еле-еле
Пить у одних, петь у других,
Хотя б нам на одной неделе
Давали восемь выходных!

Нам ничего, а парень болен –
Ему бы есть, ему бы спать…
Без нас нельзя – чего же боле,
Что можем мы ещё сказать?

1964

Сколько лет, сколько лет –
Всё одно и то же:
Денег нет, женщин нет,
Да и быть не может.

Сколько лет воровал,
Столько лет старался, –
Мне б скопить капитал –
Ну а я спивался.

Ни кола ни двора
И ни рожи с кожей,
И друзей – ни хера,
Да и быть не может.

Только – водка на троих,
Только – пика с червой, –
Комом – все блины мои,
А не только первый.

<1962>

Вот долезу и скажу: "Довольно, милая!"
Тут сорвался вниз, но успел сказать:

"Ох, какая же ты близкая и ласковая,
Альпинистка моя скололасковая!.."
Мы теперь с тобой одной верёвкой связаны –
Стали оба мы скалолазами!

1966

Скалолазка

Я спросил тебя: "Зачем идёте в гору вы? –
А ты к вершине шла, а ты рвалася в бой. –
Ведь Эльбрус и с самолёта видно здорово..."
Рассмеялась ты – и взяла с собой.

    И с тех пор ты стала близкая и ласковая,
    Альпинистка моя, скалолазка моя, –
    Первый раз меня из трещины вытаскивая,
    Улыбалась ты, скалолазка моя!

А потом за эти проклятые трещины,
Когда ужин твой я нахваливал,
Получил я две короткие затрещины –
Но не обиделся, а приговаривал:

    "Ох, какая же ты близкая и ласковая,
    Альпинистка моя, скалолазка моя!.."
    Каждый раз меня по трещинам выискивая,
    Ты бранила меня, альпинистка моя!

А потом, на каждом нашем восхождении –
Ну почему ты ко мне недоверчивая?!
Страховала ты меня с наслаждением,
Альпинистка моя гуттаперчевая!

    Ох, какая ж ты не близкая, не ласковая,
    Альпинистка моя, скалолазка моя!
    Каждый раз меня из пропасти вытаскивая,
    Ты ругала меня, скалолазка моя.

За тобой тянулся из последней силы я –
До тебя уже мне рукой подать, –

Ребята, напишите мне письмо

Мой первый срок я выдержать не смог, –
Мне год добавят, а может быть – четыре...
Ребята, напишите мне письмо:
Как там дела в свободном вашем мире?

Что вы там пьёте? Мы почти не пьём.
Здесь – только снег при солнечной погоде...
Ребята, напишите обо всём,
А то здесь ничего не происходит!

Мне очень-очень не хватает вас –
Хочу увидеть милые мне рожи.
Как там Надюха, с кем она сейчас?
Одна? – тогда пускай напишет тоже.

Страшней, быть может, – только Страшный суд!
Письмо мне будет уцелевшей нитью, –
Его, быть может, мне не отдадут,
Но всё равно, ребята, напишите!..

1964

Натянуты нервы.
Конец всем печалям,
Концам и началам –
Мы рвёмся к причалам
Заместо торпед!

    Спасите наши души!
    Мы бредим от удушья.
    Спасите наши души!
        Спешите к нам!
    Услышьте нас на суше –
    Наш SOS всё глуше, глуше, –
    И ужас режет души
        Напополам...

Спасите наши души!
Спасите наши души!

1967

Но здесь мы – на воле, –
Ведь это наш мир!
Свихнулись мы, что ли, –
Всплывать в минном поле!
"А ну, без истерик!
Мы врежемся в берег," –
Сказал командир.

      Спасите наши души!
      Мы бредим от удушья.
      Спасите наши души!
           Спешите к нам!
      Услышьте нас на суше –
      Наш SOS всё глуше, глуше, –
      И ужас режет души
            Напополам...

Всплывём на рассвете –
Приказ есть приказ!
Погибнуть во цвете –
Уж лучше при свете!
Наш путь не отмечен...
Нам нечем... Нам нечем!..
Но помните нас!

      Спасите наши души!
      Мы бредим от удушья.
      Спасите наши души!
           Спешите к нам!
      Услышьте нас на суше –
      Наш SOS всё глуше, глуше, –
      И ужас режет души
            Напополам...

Вот вышли наверх мы.
Но выхода нет!
Вот – полный на верфи!

Спасите наши души

Уходим под воду
В нейтральной воде.
Мы можем по году
Плевать на погоду, –
А если накроют –
Локаторы взвоют
О нашей беде.

      Спасите наши души!
      Мы бредим от удушья.
      Спасите наши души!
             Спешите к нам!
      Услышьте нас на суше –
      Наш SOS всё глуше, глуше, –
      И ужас режет души
            Напополам...

И рвутся аорты,
Но наверх – не сметь!
Там слева по борту,
Там справа по борту,
Там прямо по ходу –
Мешает проходу
Рогатая смерть!

      Спасите наши души!
      Мы бредим от удушья.
      Спасите наши души!
             Спешите к нам!
      Услышьте нас на суше –
      Наш SOS всё глуше, глуше, –
      И ужас режет души
            Напополам...

Если в вечный снег навеки ты
Ляжешь – над тобою, как над близким,
Наклонятся горные хребты
Самым прочным в мире обелиском.

1969

К вершине

Памяти Михаила Хергиани

Ты идёшь по кромке ледника,
Взгляд не отрывая от вершины.
Горы спят, вдыхая облака,
Выдыхая снежные лавины.

Но они с тебя не сводят глаз –
Будто бы тебе покой обещан,
Предостерегая всякий раз
Камнепадом и оскалом трещин.

Горы знают – к ним пришла беда, –
Дымом затянуло перевалы.
Ты не отличал ещё тогда
От разрывов горные обвалы.

Если ты о помощи просил –
Громким эхо отзывались скалы,
Ветер по ущельям разносил
Эхо гор, как радиосигналы.

И когда шёл бой за перевал, –
Чтобы не был ты врагом замечен,
Каждый камень грудью прикрывал,
Скалы сами подставляли плечи.

Ложь, что умный в горы не пойдёт!
Ты пошёл – ты не поверил слухам, –
И мягчал гранит, и таял лёд,
И туман у ног стелился пухом...

В холода, в холода
От насиженных мест
Нас другие зовут города, –
Будь то Минск, будь то Брест, –
В холода, в холода...

Неспроста, неспроста
От родных тополей
Нас суровые манят места –
Будто там веселей, –
Неспроста, неспроста...

Как нас дома ни грей –
Не хватает всегда
Новых встреч нам и новых друзей, –
Будто с нами беда,
Будто с ними теплей...

Как бы ни было нам
Хорошо иногда –
Возвращаемся мы по домам.
Где же наша звезда?
Может – здесь, может – там...

1965

Вы за мной пришлите шлюпку, моряки,
Поднесите кружку рома на весле!

1972

Всем делам моим на суше вопреки
И назло моим заботам на земле
Вы меня возьмите в море, моряки, –
Я все вахты отстою на корабле!

Когда я спотыкаюсь на стихах,
Когда ни до размеров, ни до рифм, –
Тогда друзьям пою о моряках,
До белых пальцев стискивая гриф.

Так всем делам моим на суше вопреки,
Так назло моим заботам на земле
Вы за мной пришлите шлюпку, моряки, –
Поднесите рюмку водки на весле!

Любая тварь по морю знай плывёт,
Под винт попасть не каждый норовит,
А здесь, на суше, встречный пешеход
Наступит, оттолкнёт – и убежит.

Так всем делам моим на суше вопреки,
Так назло моим заботам на земле
Вы меня возьмите в море, моряки, –
Я все вахты отстою на корабле!

Известно вам – мир не на трёх китах,
А нам известно – он не на троих.
Вам вольничать нельзя в чужих портах –
А я забыл, как вольничать в своих.

Так всем делам моим на суше вопреки,
Так назло моим заботам на земле

Давали мне кофе, какао, еду,
Чтоб я их приветствовал: "Хау ду ю ду!"
Но я повторял от зари до зари:
"Карамба!", "Коррида!" и "Чёрт побери!"

Послушайте все – о-го-го! э-ге-гей! –
Меня – Попугая, пирата морей!..

Лет сто я проплавал пиратом – и что ж,
Какой-то матросик пропащий
Продал меня в рабство за ломаный грош, –
А я уже был – говорящий!

Турецкий паша нож сломал пополам,
Когда я сказал ему: "Паша! Салам!"
И просто кондрашка хватила пашу,
Когда он узнал, что ещё я пишу,
      Читаю, пою и пляшу.

Я Индию видел, Иран и Ирак,
Я – инди-и-видум – не попка-дурак.
(Так думают только одни дикари.)
Карамба! Коррида! И – чёрт побери!

1973

Песня Попугая

Послушайте все – о-го-го! э-ге-гей! –
Меня – Попугая, пирата морей!

Родился я в тыща каком-то году
В банано-лиановой чаще,
Мой папа был папапугай какаду,
Тогда ещё не говорящий.

Но вскоре покинул я девственный лес:
Взял в плен меня страшный Фернандо Кортес, –
Он начал на бедного папу кричать,
А папа Фернанде не мог отвечать,
      Не мог – не умел – отвечать.

      И чтоб отомстить, от зари до зари
      Учил я три слова, всего только три, –
      Упрямо себя заставлял – повтори:
      "Карамба!", "Коррида!" и "Чёрт побери!"

      Послушайте все – о-го-го! э-ге-гей! –
      Рассказ Попугая – пирата морей!..

Нас шторм на обратной дороге застиг,
Мне было особенно трудно, –
Английский фрегат под названием "бриг"
Взял на абордаж наше судно.

Был бой рукопашный три ночи, два дня –
И злые пираты пленили меня, –
Так начал я плавать на разных судах –
В районе экватора, в северных льдах…
      На разных пиратских судах.

На руки друга и вбитый крюк –
И молимся, чтобы страховка не подвела.

Мы рубим ступени... Ни шагу назад!
И от напряженья колени дрожат,
И сердце готово к вершине бежать из груди.
Весь мир на ладони – ты счастлив и нем
И только немного завидуешь тем,
Другим – у которых вершина ещё впереди.

1966

Здесь вам не равнина

Здесь вам не равнина, здесь климат иной –
Идут лавины одна за одной,
И здесь за камнепадом ревёт камнепад, –
И можно свернуть, обрыв обогнуть, –
Но мы выбираем трудный путь,
Опасный, как военная тропа.

Кто здесь не бывал, кто не рисковал –
Тот сам себя не испытал,
Пусть даже внизу он звёзды хватал с небес:
Внизу не встретишь, как ни тянись,
За всю свою счастливую жизнь
Десятой доли таких красот и чудес.

Нет алых роз и траурных лент,
И не похож на монумент
Тот камень, что покой тебе подарил, –
Как Вечным огнём, сверкает днём
Вершина изумрудным льдом –
Которую ты так и не покорил.

И пусть говорят, да, пусть говорят,
Но – нет, никто не гибнет зря!
Так лучше – чем от водки и от простуд.
Другие придут, сменив уют
На риск и непомерный труд, –
Пройдут тобой не пройденный маршрут.

Отвесные стены... А ну – не зевай!
Ты здесь на везенье не уповай –
В горах не надежны ни камень, ни лёд, ни скала, –
Надеемся только на крепость рук,

Сначала было Слово печали и тоски,
Рождалась в муках творчества планета, –
Рвались от суши в никуда огромные куски
И островами становились где-то.

И, странствуя по свету без фрахта и без флага
Сквозь миллионолетья, эпохи и века,
Менял свой облик остров, отшельник и бродяга,
Но сохранял природу и дух материка.

Сначала было Слово, но кончились слова,
Уже матросы Землю населяли, –
И ринулись они по сходням вверх на острова,
Для красоты назвав их кораблями.

Но цепко держит берег – надёжней мёртвой хватки, –
И острова вернутся назад наверняка,
На них царят морские – особые порядки,
На них хранят законы и честь материка.

Простит ли нас наука за эту параллель,
За вольность в толковании теорий, –
Но если уж сначала было слово на Земле,
То это, безусловно, – слово "море"!

1974

Но не хочу я знать, что время лечит,
Что всё проходит вместе с ним.

1968

> Мне каждый вечер зажигают свечи,
> И образ твой окуривает дым, –
> И не хочу я знать, что время лечит,
> Что всё проходит вместе с ним.

Я больше не избавлюсь от покоя:
Ведь всё, что было на душе на год вперёд,
Не ведая, она взяла с собою –
Сначала в порт, а после – в самолёт.

> Мне каждый вечер зажигают свечи,
> И образ твой окуривает дым, –
> И не хочу я знать, что время лечит,
> Что всё проходит вместе с ним.

В душе моей – пустынная пустыня, –
Ну что стоите над пустой моей душой!
Обрывки песен там и паутина,
А остальное всё она взяла с собой.

> Теперь мне вечер зажигает свечи,
> И образ твой окуривает дым, –
> И не хочу я знать, что время лечит,
> Что всё проходит вместе с ним.

В душе моей – всё цели без дороги, –
Поройтесь в ней – и вы найдёте лишь
Две полуфразы, полудиалоги, –
А остальное – Франция, Париж…

> И пусть мне вечер зажигает свечи,
> И образ твой окуривает дым, –

Песня о Земле

Кто сказал: "Всё сгорело дотла,
Больше в землю не бросите семя!"?
Кто сказал, что Земля умерла?
Нет, она затаилась на время!

Материнства не взять у Земли,
Не отнять, как не вычерпать моря.
Кто поверил, что Землю сожгли?
Нет, она почернела от горя.

Как разрезы, траншеи легли,
И воронки – как раны зияют.
Обнажённые нервы Земли
Неземное страдание знают.

Она вынесет всё, переждёт, –
Не записывай Землю в калеки!
Кто сказал, что Земля не поёт,
Что она замолчала навеки?!

Нет! Звенит она, стоны глуша,
Изо всех своих ран, из отдушин,
Ведь Земля – это наша душа, –
Сапогами не вытоптать душу!

Кто сказал, что Земля умерла?
Нет, она затаилась на время.

1969

Гололёд

Гололёд на Земле, гололёд –
Целый год напролёт гололёд.
Будто нет ни весны, ни лета –
В саван белый одета планета –
Люди, падая, бьются об лёд.

      Гололёд на Земле, гололёд –
      Целый год напролёт гололёд.
      Гололёд, гололёд, гололёд –
      Целый год напролёт, целый год.

Даже если всю Землю – в облёт,
Не касаясь планеты ногами, –
Не один, так другой упадёт –
Гололёд на Земле, гололёд, –
И затопчут его сапогами.

      Гололёд на Земле, гололёд –
      Целый год напролёт гололёд.
      Гололёд, гололёд, гололёд –
      Целый год напролёт, целый год.

1966/67

На которых ещё не бывал,
На которых никто не бывал!

1966

Прощание с горами

В суету городов и в потоки машин
Возвращаемся мы – просто некуда деться! –
И спускаемся вниз с покорённых вершин,
Оставляя в горах,
Оставляя в горах своё сердце.

      Так оставьте ненужные споры –
      Я себе уже всё доказал:
      Лучше гор могут быть только горы,
      На которых ещё не бывал,
      На которых ещё не бывал.

Кто захочет в беде оставаться один,
Кто захочет уйти, зову сердца не внемля?!
Но спускаемся мы с покорённых вершин, –
Что же делать – и боги спускались на землю.

      Так оставьте ненужные споры –
      Я себе уже всё доказал:
      Лучше гор могут быть только горы,
      На которых ещё не бывал,
      На которых ещё не бывал.

Сколько слов и надежд, сколько песен и тем
Горы будят у нас – и зовут нас остаться! –
Но спускаемся мы – кто на год, кто совсем, –
Потому что всегда,
Потому что всегда мы должны возвращаться.

      Так оставьте ненужные споры –
      Я себе уже всё доказал:
      Лучше гор могут быть только горы,

Дом хрустальный

Если я богат, как царь морской,
Крикни только мне: "Лови блесну!" –
Мир подводный и надводный свой,
Не задумываясь, выплесну!

    Дом хрустальный на горе – для неё,
    Сам, как пёс бы, так и рос – в цепи.
    Родники мои серебряные,
    Золотые мои россыпи!

Если беден я, как пёс – один,
И в дому моём – шаром кати, –
Ведь поможешь ты мне, Господи,
Не позволишь жизнь скомкати!

    Дом хрустальный на горе – для неё,
    Сам, как пёс бы, так и рос – в цепи.
    Родники мои серебряные,
    Золотые мои россыпи!

Не сравнил бы я любую с тобой –
Хоть казни меня, расстреливай.
Посмотри, как я любуюсь тобой –
Как Мадонной Рафаэлевой!

    Дом хрустальный на горе – для неё,
    Сам, как пёс бы, так и рос – в цепи.
    Родники мои серебряные,
    Золотые мои россыпи!

1967

Песня о звёздах

Мне этот бой не забыть нипочём –
Смертью пропитан воздух, –
А с небосклона бесшумным дождём
Падали звёзды.

Вот снова упала – и я загадал:
Выйти живым из боя, –
Так свою жизнь я поспешно связал
С глупой звездою.

Я уж решил: миновала беда
И удалось отвертеться, –
С неба свалилась шальная звезда –
Прямо под сердце.
С неба свалилась шальная звезда –
Прямо под сердце.

Нам говорили: "Нужна высота!"
И "Не жалеть патроны!"...
Вон покатилась вторая звезда –
Вам на погоны.

Звёзд этих в небе – как рыбы в прудах, –
Хватит на всех с лихвою.
Если б не насмерть, ходил бы тогда
Тоже – Героем.

Я бы Звезду эту сыну отдал,
Просто – на память...
В небе висит, пропадает звезда –
Некуда падать.

1964

Меня опять ударило в озноб,
Грохочет сердце, словно в бочке камень,
Во мне живёт мохнатый злобный жлоб
С мозолистыми цепкими руками.

Когда, мою заметив маету,
Друзья бормочут: "Скоро загуляет", –
Мне тесно с ним, мне с ним невмоготу!
Он кислород вместо меня хватает.

Он не двойник и не второе Я –
Все объясненья выглядят дурацки, –
Он плоть и кровь, дурная кровь моя, –
Такое не приснится и Стругацким.

Он ждёт, когда закончу свой виток –
Моей рукою выведет он строчку,
И стану я расчётлив и жесток,
И всех продам – гуртом и в одиночку.

Я оправданья вовсе не ищу,
Пусть жизнь уходит, ускользает, тает, –
Но я себе мгновенья не прощу –
Когда меня он вдруг одолевает.

Но я собрал ещё остаток сил, –
Теперь его не вывезет кривая:
Я в глотку, в вены яд себе вгоняю –
Пусть жрёт, пусть сдохнет, – я перехитрил!

<1979>

> "Удач – всегда!.."
> А день... какой был день тогда?
> Ах да – среда!..

1969

Ну вот, исчезла дрожь в руках,
        Теперь – наверх!
Ну вот, сорвался в пропасть страх
        Навек, навек, –
Для остановки нет причин –
        Иду, скользя...
И в мире нет таких вершин,
        Что взять нельзя!

Среди нехоженых путей
        Один – пусть мой!
Среди невзятых рубежей
        Один – за мной!
И имена тех, кто здесь лёг,
        Снега таят...
Среди непройденных дорог
        Одна – моя!

Здесь голубым сияньем льдов
        Весь склон облит,
И тайну чьих-нибудь следов
        Гранит хранит...
А я гляжу в свою мечту
        Поверх голов
И свято верю в чистоту
        Снегов и слов!

И пусть пройдёт немалый срок –
        Мне не забыть,
Что здесь сомнения я смог
        В себе убить.
В тот день шептала мне вода:

Здесь лапы у елей дрожат на весу,
Здесь птицы щебечут тревожно –
Живёшь в заколдованном диком лесу,
Откуда уйти невозможно.

    Пусть черёмухи сохнут бельём на ветру,
    Пусть дождём опадают сирени, –
    Всё равно я отсюда тебя заберу
    Во дворец, где играют свирели!

Твой мир колдунами на тысячи лет
Укрыт от меня и от света, –
И думаешь ты, что прекраснее нет,
Чем лес заколдованный этот.

    Пусть на листьях не будет росы поутру,
    Пусть луна с небом пасмурным в ссоре, –
    Всё равно я отсюда тебя заберу
    В светлый терем с балконом на море!

В какой день недели, в котором часу
Ты выйдешь ко мне осторожно,
Когда я тебя на руках унесу
Туда, где найти невозможно?

    Украду, если кража тебе по душе, –
    Зря ли я столько сил разбазарил?
    Соглашайся хотя бы на рай в шалаше,
    Если терем с дворцом кто-то занял!

1970

Нас на посадку скучно стюардесса приглашает,
Доступная, как весь гражданский флот.

    Открыли самый дальний уголок,
    В который не заманят и награды,
    Открыт закрытый порт Владивосток,
    Париж открыт, – но мне туда не надо!

Взлетим мы, распогодится – теперь запреты снимут!
Напрягся лайнер, слышен визг турбин...
Сижу как на иголках: ну а вдруг опять не примут, –
Опять найдётся множество причин.

    Мне надо – где метели и туман,
    Где завтра ожидают снегопада!..
    Открыли Лондон, Дели, Магадан –
    Открыли всё, – но мне туда не надо!

Я прав, хоть плачь, хоть смейся, –
                       но опять задержка рейса!
И нас обратно к прошлому ведёт
Вся стройная, как "ТУ", та стюардесса мисс Одесса, –
Похожая на весь гражданский флот.

    Опять дают задержку до восьми –
    И граждане покорно засыпают...
    Мне это надоело, чёрт возьми, –
    И я лечу туда, где принимают!

1968

Москва – Одесса

В который раз лечу Москва – Одесса, –
Опять не выпускают самолёт.
А вот прошла вся в синем стюардесса как принцесса –
Надёжная, как весь гражданский флот.

    Над Мурманском – ни туч, ни облаков,
    И хоть сейчас лети до Ашхабада,
    Открыты Киев, Харьков, Кишинёв,
    И Львов открыт, – но мне туда не надо!

Сказали мне: "Сегодня не надейся –
Не стоит уповать на небеса!"
И вот опять дают задержку рейса на Одессу:
Теперь – обледенела полоса.

    А в Ленинграде – с крыши потекло, –
    И что мне не лететь до Ленинграда?!
    В Тбилиси – там всё ясно, там тепло,
    Там чай растёт, – но мне туда не надо!

Я слышу: ростовчане вылетают, –
А мне в Одессу надо позарез!
Но надо мне туда, куда три дня не принимают, –
И потому откладывают рейс.

    Мне надо – где сугробы намело,
    Где завтра ожидают снегопада!..
    А где-нибудь всё ясно и светло –
    Там хорошо, – но мне туда не надо!

Отсюда не пускают, а туда не принимают, –
Несправедливо – грустно мне, – но вот

Их разносят по умам!
Их разносят по умам!

И поют друг другу шёпотом ли, в крик ли –
Слух дурной всегда звучит в устах кликуш,
А к хорошим слухам люди не привыкли –
Говорят, что это выдумки и чушь.

И, словно мухи, тут и там
Ходят слухи по домам,
А беззубые старухи
Их разносят по умам!
Их разносят по умам!

1969

  Их разносят по умам!
  Их разносят по умам!

– Ой, что деется! Вчерась траншею рыли –
Откопали две коньячные струи!
– Говорят, евреи воду отравили,
          гады, ядом.
Ну а хлеб теперь – из рыбной чешуи!

  Словно мухи, тут и там
  Ходят слухи по домам,
  А беззубые старухи
  Их разносят по умам!
  Их разносят по умам!

Да, вы знаете, теперь всё отменяют:
Отменили даже воинский парад.
Говорят, что скоро всё позапрещают,
         в бога душу,
Скоро всех, к чертям собачьим, запретят.

  И, словно мухи, тут и там
  Ходят слухи по домам,
  А беззубые старухи
  Их разносят по умам!
  Их разносят по умам!

Закалённые во многих заварухах,
Слухи ширятся, не ведая преград, –
Ходят сплетни, что не будет больше слухов
         абсолютно,
Ходят слухи, будто сплетни запретят!

  Но, словно мухи, тут и там
  Ходят слухи по домам,
  А беззубые старухи

Песенка о слухах

Сколько слухов наши уши поражает,
Сколько сплетен разъедает, словно моль!
Ходят слухи, будто всё подорожает –
                                    абсолютно, –
А особенно – штаны и алкоголь!

      И, словно мухи, тут и там
      Ходят слухи по домам,
      А беззубые старухи
      Их разносят по умам!
      Их разносят по умам!

– Слушай, слышал? Под землёю город строят, –
Говорят – на случай ядерной войны!
– Вы слыхали? Скоро бани все закроют –
                                    повсеместно –
Навсегда, – и эти сведенья верны!

      Словно мухи, тут и там
      Ходят слухи по домам,
      А беззубые старухи
      Их разносят по умам!
      Их разносят по умам!

– А вы знаете? Мамыкина снимают –
За разврат его, за пьянство, за дебош!
– Кстати, вашего соседа забирают,
                                    негодяя, –
Потому что он на Берию похож!

      Словно мухи, тут и там
      Ходят слухи по домам,
      А беззубые старухи

Вперед! Холерой могут заболеть
Холерики – несдержанные люди.

1971

Не покупают никакой еды –
Все экономят вынужденно деньги:
Холера косит стройные ряды, –
Но люди вновь смыкаются в шеренги.

Закрыт Кавказ, горит "Аэрофлот",
И в Астрахани лихо жгут арбузы, –
Но от станка рабочий не уйдет,
И крепнут как всегда здоровья узы.

Убытки терпит целая страна,
Но вера есть, все зиждется на вере, –
Объявлена народная война
Одной несчастной, беденькой холере.

На трудовую вахту встал народ
В честь битвы с новоявленною порчей, –
Но пасаран, холера не пройдет,
Холере – нет, и все, и бал окончен!

Я погадал вчера на даму треф,
Назвав ее для юмора холерой, –
И понял я: холера – это блеф,
Она теперь мне кажется химерой.

Во мне теперь прибавилось ума,
Себя я ощущаю Гулливером,
И понял я: холера – не чума, –
У каждого всегда своя холера!

Уверен я: холере скоро тлеть.
А ну-ка – залп из тысячи орудий!

>   но мне она принадлежит –
Мне так сегодня наплевать на короля!

...Но в замке счастливо мы не зажили с ней:
Король в поход послал на сотни долгих дней, –
Не ждёт меня мой идеал,
            ведь он – король, а я – вассал, –
И рано, видимо, плевать на королей!

1969

Про любовь в Средние века

Сто сарацинов я убил во славу ей –
Прекрасной даме посвятил я сто смертей, –
Но сам король – лукавый сир –
              затеял рыцарский турнир.
Я ненавижу всех известных королей!

Вот мой соперник – рыцарь Круглого стола, –
Чужую грудь мне под копьё король послал.
Но в сердце нежное её
              моё направлено копьё, –
Мне наплевать на королевские дела!

Герб на груди его – там плаха и петля,
Но будет дырка там, как в днище корабля.
Он – самый первый фаворит,
              к нему король благоволит, –
Но мне сегодня наплевать на короля!

Король сказал: "Он с вами справится шаля! –
И пошутил: – Пусть будет пухом вам земля!"
Я буду пищей для червей –
              тогда он женится на ней, –
Простит мне Бог, я презираю короля!

Вот подан знак – друг друга взглядом пепеля,
Коней мы гоним, задыхаясь и пыля.
Забрало поднято – изволь!
              Ах, как волнуется король!..
Но мне, ей-богу, наплевать на короля!

Ну вот всё кончено – пусть отдохнут поля, –
Вот льется кровь его на стебли ковыля.
Король от бешенства дрожит,

Я не люблю, когда мне лезут в душу,
Тем более – когда в неё плюют.

Я не люблю манежи и арены:
На них мильон меняют по рублю.
Пусть впереди большие перемены –
Я это никогда не полюблю!

1969

Я не люблю

Я не люблю фатального исхода,
От жизни никогда не устаю.
Я не люблю любое время года,
Когда весёлых песен не пою.

Я не люблю холодного цинизма,
В восторженность не верю и ещё –
Когда чужой мои читает письма,
Заглядывая мне через плечо.

Я не люблю, когда – наполовину
Или когда прервали разговор.
Я не люблю, когда стреляют в спину,
Я также против выстрелов в упор.

Я ненавижу сплетни в виде версий,
Червей сомненья, почести иглу,
Или – когда всё время против шерсти,
Или – когда железом по стеклу.

Я не люблю уверенности сытой, –
Уж лучше пусть откажут тормоза.
Досадно мне, коль слово "честь" забыто
И коль в чести наветы за глаза.

Когда я вижу сломанные крылья –
Нет жалости во мне, и неспроста:
Я не люблю насилье и бессилье, –
Вот только жаль распятого Христа.

Я не люблю себя, когда я трушу,
И не терплю, когда невинных бьют.

Свежий ветер избранных пьянил,
С ног сбивал, из мёртвых воскрешал,
Потому что если не любил –
Значит и не жил, и не дышал!

Но многих захлебнувшихся любовью
Не докричишься – сколько ни зови, –
Им счёт ведут молва и пустословье,
Но этот счёт замешен на крови.
А мы поставим свечи в изголовье
Погибших от невиданной любви…

Их голосам всегда сливаться в такт,
И душам их дано бродить в цветах,
И вечностью дышать в одно дыханье,
И встретиться – со вздохом на устах –
На хрупких переправах и мостах,
На узких перекрёстках мирозданья.

Я поля влюблённым постелю –
Пусть поют во сне и наяву!..
Я дышу, и значит – я люблю!
Я люблю, и значит – я живу!

1975

Баллада о Любви

Когда вода Всемирного потопа
Вернулась вновь в границы берегов,
Из пены уходящего потока
На сушу тихо выбралась Любовь –
И растворилась в воздухе до срока,
А срока было – сорок сороков...

И чудаки – ещё такие есть –
Вдыхают полной грудью эту смесь,
И ни наград не ждут, ни наказанья, –
И, думая, что дышат просто так,
Они внезапно попадают в такт
Такого же – неровного – дыханья.

Только чувству, словно кораблю,
Долго оставаться на плаву,
Прежде чем узнать, что "я люблю" –
То же, что "дышу" или "живу".

И много будет странствий и скитаний:
Страна Любви – великая страна!
И с рыцарей своих – для испытаний –
Всё строже станет спрашивать она:
Потребует разлук и расстояний,
Лишит покоя, отдыха и сна...

Но вспять безумцев не поворотить –
Они уже согласны заплатить:
Любой ценой – и жизнью бы рискнули, –
Чтобы не дать порвать, чтоб сохранить
Волшебную невидимую нить,
Которую меж ними протянули.

Вороньё нам не выклюет глаз из глазниц –
Потому что не водится здесь воронья.

    Кто не верил в дурные пророчества,
    В снег не лёг ни на миг отдохнуть –
    Тем наградою за одиночество
    Должен встретиться кто-нибудь!

1972

Белое безмолвие

Все года, и века, и эпохи подряд
Всё стремится к теплу от морозов и вьюг, –
Почему ж эти птицы на север летят,
Если птицам положено – только на юг?

    Слава им не нужна – и величие,
    Вот под крыльями кончится лёд –
    И найдут они счастие птичее
    Как награду за дерзкий полёт!

Что же нам не жилось, что же нам не спалось?
Что нас выгнало в путь по высокой волне?
Нам сиянья пока наблюдать не пришлось, –
Это редко бывает – сиянья в цене!

    Тишина... Только чайки – как молнии, –
    Пустотой мы их кормим из рук.
    Но наградою нам за безмолвие
    Обязательно будет звук!

Как давно снятся нам только белые сны –
Все иные оттенки снега занесли, –
Мы ослепли – темно от такой белизны, –
Но прозреем от чёрной полоски земли.

    Наше горло отпустит молчание.
    Наша слабость растает как тень, –
    И наградой за ночи отчаянья
    Будет вечный полярный день!

Север, воля, надежда – страна без границ,
Снег без грязи – как долгая жизнь без вранья.

Корабли постоят – и ложатся на курс, –
Но они возвращаются сквозь непогоды...
Не пройдёт и полгода – и я появлюсь, –
Чтобы снова уйти,
Чтобы снова уйти на полгода.

Возвращаются все – кроме лучших друзей,
Кроме самых любимых и преданных женщин.
Возвращаются все – кроме тех, кто нужней, –
Я не верю судьбе,
Я не верю судьбе, а себе – ещё меньше.

Но мне хочется верить, что это не так,
Что сжигать корабли скоро выйдет из моды.
Я, конечно, вернусь – весь в друзьях и в мечтах, –
Я, конечно, спою – не пройдёт и полгода.

Я, конечно, вернусь – весь в друзьях и в делах –
Я, конечно, спою – не пройдёт и полгода.

<1967>

Ну о чём с тобою говорить!
Всё равно ты порешь ахинею, –
Лучше я пойду к ребятам пить –
У ребят есть мысли поважнее.

У ребят серьёзный разговор –
Например, о том, кто пьёт сильнее.
У ребят широкий кругозор –
От ларька до нашей бакалеи.

Разговор у нас и прям, и груб –
Все проблемы мы решаем глоткой:
Где достать недостающий рупь
И – кому потом бежать за водкой.

Ты даёшь мне утром хлебный квас –
Что тебе придумать в оправданье!
Интеллекты разные у нас, –
Повышай своё образованье!

1964

Быть может, тот облезлый кот – был раньше негодяем,
А этот милый человек – был раньше добрым псом.

    Я от восторга прыгаю,
    Я обхожу искусы, –
    Удобную религию
    Придумали индусы!

1969

Песенка о переселении душ

Кто верит в Магомета, кто – в Аллаха, кто – в Исуса,
Кто ни во что не верит – даже в чёрта, назло всем, –
Хорошую религию придумали индусы:
Что мы, отдав концы, не умираем насовсем.

    Стремилась ввысь душа твоя –
    Родишься вновь с мечтою,
    Но если жил ты как свинья –
    Останешься свиньёю.

Пусть косо смотрят на тебя – привыкни к укоризне, –
Досадно – что ж, родишься вновь на колкости горазд.
И если видел смерть врага ещё при этой жизни –
В другой тебе дарован будет верный зоркий глаз.

    Живи себе нормальненько –
    Есть повод веселиться:
    Ведь, может быть, в начальника
    Душа твоя вселится.

Пускай живёшь ты дворником – родишься вновь прорабом,
А после из прораба до министра дорастёшь, –
Но если туп как дерево – родишься баобабом
И будешь баобабом тыщу лет, пока помрёшь.

    Досадно попугаем жить,
    Гадюкой с длинным веком, –
    Не лучше ли при жизни быть
    Приличным человеком?!

Да кто есть кто, так кто был кем? – мы никогда не знаем.
С ума сошли генетики от ген и хромосом!

Что всё же конец мой – ещё не конец:
Конец – это чьё-то начало.

    Сейчас глаза мои сомкнутся,
    Я крепко обнимусь с землёй.
    Мы не успели, не успели, не успели, не успели оглянуться –
    А сыновья, а сыновья уходят в бой!

1969

Сыновья уходят бой

Сегодня не слышно биенье сердец –
Оно для аллей и беседок.
Я падаю, грудью хватая свинец,
Подумать успев напоследок:

    "На этот раз мне не вернуться,
    Я ухожу – придёт другой".
    Мы не успели, не успели, не успели оглянуться –
    А сыновья, а сыновья уходят в бой!

Вот кто-то, решив: после нас – хоть потоп,
Как в пропасть шагнул из окопа.
А я для того свой покинул окоп,
Чтоб не было вовсе потопа.

    Сейчас глаза мои сомкнутся,
    Я крепко обнимусь с землёй.
    Мы не успели, не успели, не успели оглянуться –
    А сыновья, а сыновья уходят в бой!

Кто сменит меня, кто в атаку пойдёт?
Кто выйдет к заветному мосту?
И мне захотелось – пусть будет вон тот,
Одетый во всё не по росту.

    Я успеваю улыбнуться,
    Я видел, кто бредёт за мной.
    Мы не успели, не успели, не успели оглянуться –
    А сыновья, а сыновья уходят в бой!

Разрывы глушили биенье сердец,
Моё же мне громко стучало,

Как жители японских городов
Боятся повторенья Хиросимы.

1964

О нашей встрече

О нашей встрече что там говорить! –
Я ждал её, как ждут стихийных бедствий, –
Но мы с тобою сразу стали жить,
Не опасаясь пагубных последствий.

Я сразу сузил круг твоих знакомств,
Одел, обул и вытащил из грязи, –
Но за тобой тащился длинный хвост –
Длиннющий хвост твоих коротких связей.

Потом, я помню, бил друзей твоих:
Мне с ними было как-то неприятно, –
Хотя, быть может, были среди них
Наверняка отличные ребята.

О чём просила – делал мигом я, –
Мне каждый час хотелось сделать ночью брачной.
Из-за тебя под поезд прыгал я,
Но, слава богу, не совсем удачно.

И если б ты ждала меня в тот год,
Когда меня отправили на *дачу*, –
Я б для тебя украл весь небосвод
И две звезды кремлёвские в придачу.

И я клянусь – последний буду гад! –
Не ври, не пей – и я прощу измену, –
И подарю тебе Большой театр
И Малую спортивную арену.

А вот теперь я к встрече не готов:
Боюсь тебя, боюсь ночей интимных –

Катерина, Катя, Катерина!
Всё в тебе, ну всё в тебе по мне!
Ты как ёлка: стоишь рупь с полтиной,
Наряди – поднимешься в цене.

Я тебя одену в пан и в бархат,
В пух и в прах и в бога душу, вот, –
Будешь ты не хуже, чем Тамарка,
Что решил я жизни в прошлый год.

И не бойся, Катя, Катерина, –
Наша жизнь как речка потечёт!
Что там жизнь! Не жизнь наша – малина!
Я ведь режу баб не каждый год.

Катерина, хватит сомневаться, –
Разорву рубаху на груди!
Вот им всем! Поехали кататься!
Панихида будет впереди...

1965

Что по лбу – всё едино!
И Жирафов зять брюзжит:
"Видали остолопа?!"
И ушли к бизонам жить
С Жирафом Антилопа.

    Поднялся галдёж и лай, –
    Только старый Попугай
    Громко крикнул из ветвей:
    "Жираф большой – ему видней!"

В жёлтой жаркой Африке
Не видать идиллий –
Льют Жираф с Жирафихой
Слёзы крокодильи, –
Только горю не помочь –
Нет теперь закона:
У Жирафов вышла дочь
Замуж – за Бизона!

...Пусть Жираф был не прав, –
Но виновен не Жираф,
А тот, кто крикнул из ветвей:
"Жираф большой – ему видней!"

1968

Песенка ни про что, или Что случилось в Африке

Одна семейная хроника

В жёлтой жаркой Африке,
В центральной её части,
Как-то вдруг вне графика
Случилося несчастье, –
Слон сказал, не разобрав:
"Видно, быть потопу!.."
В общем, так: один Жираф
Влюбился – в Антилопу!

    Поднялся галдёж и лай, –
    Только старый Попугай
    Громко крикнул из ветвей:
    "Жираф большой – ему видней!"

"Что же что рога у ней, –
Кричал Жираф любовно, –
Нынче в нашей фауне
Равны все поголовно!
Если вся моя родня
Будет ей не рада –
Не пеняйте на меня, –
Я уйду из стада!"

    Поднялся галдёж и лай, –
    Только старый Попугай
    Громко крикнул из ветвей:
    "Жираф большой – ему видней!"

Папе Антилопьему
Зачем такого сына:
Всё равно – что в лоб ему,

Братские могилы

На Братских могилах не ставят крестов,
И вдовы на них не рыдают, –
К ним кто-то приносит букеты цветов,
И Вечный огонь зажигают.

Здесь раньше вставала земля на дыбы,
А нынче – гранитные плиты.
Здесь нет ни одной персональной судьбы –
Все судьбы в единую слиты.

А в Вечном огне – видишь вспыхнувший танк,
Горящие русские хаты,
Горящий Смоленск и горящий рейхстаг,
Горящее сердце солдата.

У Братских могил нет заплаканных вдов –
Сюда ходят люди покрепче,
На Братских могилах не ставят крестов...
Но разве от этого легче?!

1964

И я клянусь вам искренне, публично:
Старания свои утрою я
И поборю раздвоенную личность
И не моё моё второе *Я*.

Я больше не намерен бить витрины
И лица граждан – так и запиши!
Я воссоединю две половины
Моей больной раздвоенной души!

Искореню, похороню, зарою, –
Очищусь, ничего не скрою я!
Мне чуждо это *ё* моё второе, –
Нет, это не моё второе *Я*!

Мне чуждо это *Я* моё второе —
Нет, это не моё второе *Я*.

1969

И вкусы и запросы мои – странны, –
Я экзотичен, мягко говоря:
Могу одновременно грызть стаканы –
И Шиллера читать без словаря.

Во мне два Я – два полюса планеты,
Два разных человека, два врага:
Когда один стремится на балеты –
Другой стремится прямо на бега.

И я борюсь, давлю в себе мерзавца, –
О, участь беспокойная моя! –
Боюсь ошибки: может оказаться,
Что я давлю не то второе Я.

Когда в душе я раскрываю гранки
На тех местах, где искренность сама, –
Тогда мне в долг дают официантки
И женщины ласкают задарма.

Но вот летят к чертям все идеалы,
Но вот я груб, я нетерпим и зол,
Но вот сижу и тупо ем бокалы,
Забрасывая Шиллера под стол.

...А суд идёт, весь зал мне смотрит в спину.
Вы, прокурор, вы, гражданин судья,
Поверьте мне: не я разбил витрину,
А подлое моё второе Я.

И я прошу вас: строго не судите, –
Лишь дайте срок, но – не давайте *срок*! –

Я буду посещать суды как зритель
И в тюрьмы заходить на огонёк.

Одинаково веничек хлещет,
Так что зря не выпячивай грудь!

Все равны здесь единым богатством,
Все легко переносят жару, –
Здесь свободу и равенство с братством
Ощущаешь в кромешном пару.

Загоняй поколенья в парную
И крещенье принять убеди, –
Лей на нас свою воду святую
И от варварства освободи!

1971

Баллада о бане

Благодать или благословенье
Ниспошли на подручных твоих –
Дай им, Бог, совершить омовенье,
Окунаясь в святая святых!

Исцеленьем от язв и уродства
Будет душ из живительных вод, –
Это словно возврат первородства,
Или нет – осушенье болот.

Все пороки, грехи и печали,
Равнодушье, согласье и спор –
Пар, который вот только наддали,
Вышибает, как пули, из пор.

Всё, что мучит тебя, – испарится
И поднимется вверх, к небесам, –
Ты ж, очистившись, должен спуститься –
Пар с грехами расправится сам.

Не стремись прежде времени к душу,
Не равняй с очищеньем мытьё, –
Нужно выпороть веником душу,
Нужно выпарить смрад из неё.

Здесь нет голых – стесняться не надо,
Что кривая рука да нога.
Здесь – подобие райского сада –
Пропуск тем, кто раздет донага.

И в предбаннике сбросивши вещи,
Всю одетость свою позабудь –

Разговаривать не надо –
Приседайте до упада,
Да не будьте мрачными и хмурыми!
Если очень вам неймётся –
Обтирайтесь чем придётся,
Водными займитесь проце-
        дурами!

Не страшны дурные вести –
Мы в ответ бежим на месте, –
В выигрыше даже начинающий.
Красота – среди бегущих
Первых нет и отстающих, –
Бег на месте общеприми-
        ряющий!

1968

Утренняя гимнастика

Вдох глубокий, руки шире,
Не спешите – три-четыре! –
Бодрость духа, грация и пластика!
Общеукрепляющая,
Утром отрезвляющая,
Если жив пока ещё, –
      гимнастика!

Если вы в своей квартире, –
Лягте на пол – три-четыре! –
Выполняйте правильно движения!
Прочь влияние извне –
Привыкайте к новизне,
Вдох глубокий до изне-
      можения!

Очень вырос в целом мире
Гриппа вирус – три-четыре! –
Ширится, растёт заболевание.
Если хилый – сразу в гроб!
Сохранить здоровье чтоб –
Применяйте, люди, об-
      тирание!

Если вы уже устали –
Сели-встали, сели-встали, –
Не страшны вам Арктика с Антарктикой!
Главный академик Иоффе
Доказал: коньяк и кофе
Вам заменит спорта профи-
      лактика.

А вдруг кому-то маска палача
Понравится – и он её не снимет?

Вдруг арлекин навеки загрустит,
Любуясь сам своим лицом печальным;
Что, если дурень свой дурацкий вид
Так и забудет на лице нормальном?!

За масками гоняюсь по пятам,
Но ни одну не попрошу открыться:
Что, если маски сброшены, а там –
Всё те же полумаски-полулица?

Как доброго лица не прозевать,
Как честных отличить наверняка мне? –
Все научились маски надевать,
Чтоб не разбить своё лицо о камни.

Я в тайну масок всё-таки проник, –
Уверен я, что мой анализ точен:
Что маски равнодушья у иных –
Защита от плевков и от пощёчин.

1971

Маски

Смеюсь навзрыд – как у кривых зеркал, –
Меня, должно быть, ловко разыграли:
Крючки носов и до ушей оскал –
Как на венецианском карнавале!

Вокруг меня смыкается кольцо –
Меня хватают, вовлекают в пляску, –
Так-так, моё нормальное лицо
Все, вероятно, приняли за маску.

Петарды, конфетти... Но всё не так, –
И маски на меня глядят с укором, –
Они кричат, что я опять – не в такт,
Что наступаю на ноги партнёрам.

Что делать мне – бежать, да поскорей?
А может, вместе с ними веселиться?..
Надеюсь я – под масками зверей
Бывают человеческие лица.

Все в масках, в париках – все как один, –
Кто – сказочен, а кто – литературен...
Сосед мой слева – грустный арлекин,
Другой – палач, а каждый третий – дурень.

Один себя старался обелить,
Другой – лицо скрывает от огласки,
А кто – уже не в силах отличить
Своё лицо от непременной маски.

Я в хоровод вступаю, хохоча, –
И всё-таки мне неспокойно с ними:

Высота

Вцепились они в высоту как в своё.
Огонь миномётный, шквальный...
А мы всё лезли толпой на неё,
Как на буфет вокзальный.

И крики "ура" застывали во рту,
Когда мы пули глотали.
Семь раз занимали мы ту высоту –
Семь раз мы её оставляли.

И снова в атаку не хочется всем,
Земля – как горелая каша...
В восьмой раз возьмём мы её насовсем –
Своё возьмём, кровное, наше!

А можно её стороной обойти, –
И что мы к ней прицепились?!
Но, видно, уж точно – все судьбы-пути
На этой высотке скрестились.

Вцепились они в высоту, как в своё.
Огонь миномётный, шквальный...
А мы всё лезли толпой на неё,
Как на буфет вокзальный.

1965

Она была в Париже

Наверно, я погиб: глаза закрою – вижу.
Наверно, я погиб: робею, а потом –
Куда мне до неё – она была в Париже,
И я вчера узнал – не только в ём одном!

Какие песни пел я ей про Север дальний! –
Я думал: вот чуть-чуть – и будем мы на ты, –
Но я напрасно пел о полосе нейтральной –
Ей глубоко плевать, какие там цветы.

Я спел тогда ещё – я думал, это ближе –
"Про юг" и "Про того, кто раньше с нею был"...
Но что ей до меня – она была в Париже, –
Ей сам Марсель Марсо чевой-то говорил!

Я бросил свой завод – хоть, в общем, был не вправе, –
Засел за словари на совесть и на страх...
Но что ей до того – она уже в Варшаве, –
Мы снова говорим на разных языках...

Приедет – я скажу по-польски: "Прошу, пани,
Прими таким как есть, не буду больше петь..."
Но что ей до меня – она уже в Иране, –
Я понял: мне за ней, конечно, не успеть!

Она сегодня здесь, а завтра будет в Осле, –
Да, я попал впросак, да, я попал в беду!..
Кто раньше с нею был, и тот, кто будет после, –
Пусть пробуют они – я лучше пережду!

1966

Но мы откажемся – и бьют они жестоко, –
    Люди! Люди! Люди!

1967

Песня Бродского

Как все, мы веселы бываем и угрюмы,
Но если надо выбирать и выбор труден –
Мы выбираем деревянные костюмы, –
      Люди! Люди!

Нам будут долго предлагать не прогадать:
"Ах, – скажут, – что вы! Вы ещё не жили!
Вам надо только-только начинать!.." –
Ну а потом предложат: или – или.

      Или пляжи, вернисажи, или даже
      Пароходы, в них наполненные трюмы,
      Экипажи, скачки, рауты, вояжи –
      Или просто деревянные костюмы.

И будут веселы они или угрюмы,
И будут в роли злых шутов и добрых судей, –
Но нам предложат деревянные костюмы, –
      Люди! Люди!

Нам даже могут предложить и закурить:
"Ах, – вспомнят, – вы ведь долго не курили!
Да вы ещё не начинали жить!.." –
Ну а потом предложат: или – или.

      Дым папиросы навевает что-то, –
      Одна затяжка – веселее думы.
      Курить охота! Как курить охота!
      Но надо выбрать деревянные костюмы.

И будут вежливы и ласковы настолько –
Предложат жизнь счастливую на блюде, –

Песня о новом времени

Как призывный набат, прозвучали в ночи тяжело шаги, –
Значит, скоро и нам – уходить и прощаться без слов.
По нехоженым тропам протопали лошади, лошади,
Неизвестно к какому концу унося седоков.

Наше время иное, лихое, но счастье, как встарь, ищи!
И в погоню летим мы за ним, убегающим, вслед.
Только вот в этой скачке теряем мы лучших товарищей,
На скаку не заметив, что рядом – товарищей нет.

И ещё будем долго огни принимать за пожары мы,
Будет долго зловещим казаться нам скрип сапогов,
О войне будут детские игры с названьями старыми,
И людей будем долго делить на своих и врагов.

А когда отгрохочет, когда отгорит и отплачется,
И когда наши кони устанут под нами скакать,
И когда наши девушки сменят шинели на платьица, –
Не забыть бы тогда, не простить бы и не потерять!..

<1966 или 1967>

А когда ты упал
                со скал,
Он стонал,
                но держал;
Если шёл он с тобой
                      как в бой,
На вершине стоял – хмельной, –
Значит, как на себя самого,
Положись на него!

1966

Песня о друге

Если друг
               оказался вдруг
И не друг, и не враг,
               а так;
Если сразу не разберёшь,
Плох он или хорош, –
Парня в горы тяни –
               рискни! –
Не бросай одного
               его:
Пусть он в связке в одной
               с тобой –
Там поймёшь, кто такой.

Если парень в горах –
               не ах,
Если сразу раскис –
               и вниз,
Шаг ступил на ледник –
               и сник,
Оступился – и в крик, –
Значит рядом с тобой –
               чужой,
Ты его не брани –
               гони:
Вверх таких не берут
               и тут
Про таких не поют.

Если ж он не скулил,
               не ныл,
Пусть он хмур был и зол,
               но шёл,

Тот протокол заключался обидной тирадой
(Кстати, навесили Правде чужие дела):
Дескать, какая-то мразь называется Правдой,
Ну а сама – пропилась, проспалась догола.

Чистая Правда божилась, клялась и рыдала,
Долго скиталась, болела, нуждалась в деньгах, –
Грязная Ложь чистокровную лошадь украла –
И ускакала на длинных и тонких ногах.

Некий чудак и поныне за Правду воюет, –
Правда, в речах его правды – на ломаный грош:
"Чистая Правда со временем восторжествует!.."
Если проделает то же, что явная Ложь!

Часто, разлив по сту семьдесят граммов на брата,
Даже не знаешь, куда на ночлег попадёшь.
Могут раздеть, – это чистая правда, ребята, –
Глядь – а штаны твои носит коварная Ложь.
Глядь – на часы твои смотрит коварная Ложь.
Глядь – а конём твоим правит коварная Ложь.

1977

Притча о Правде и Лжи

Булату Окуджаве

Нежная Правда в красивых одеждах ходила,
Принарядившись для сирых, блаженных, калек, –
Грубая Ложь эту Правду к себе заманила:
Мол, оставайся-ка ты у меня на ночлег.

И легковерная Правда спокойно уснула,
Слюни пустила и разулыбалась во сне, –
Хитрая Ложь на себя одеяло стянула,
В Правду впилась – и осталась довольна вполне.

И поднялась, и скроила ей рожу бульдожью:
Баба как баба, и что её ради радеть?! –
Разницы нет никакой между Правдой и Ложью, –
Если, конечно, и ту и другую раздеть.

Выплела ловко из кос золотистые ленты
И прихватила одежды, примерив на глаз;
Деньги взяла, и часы, и ещё документы, –
Сплюнула, грязно ругнулась – и вон подалась.

Только к утру обнаружила Правда пропажу –
И подивилась, себя оглядев делово:
Кто-то уже, раздобыв где-то чёрную сажу,
Вымазал чистую Правду, а так – ничего.

Правда смеялась, когда в неё камни бросали:
"Ложь это всё, и на Лжи одеянье моё..."
Двое блаженных калек протокол составляли
И обзывали дурными словами её.

И лаз для отступленья про запас,
Бесцветный яд на самом дне стакана
И, словно настоящему пощёчина, –
Сомненье в том, что "я люблю" *сейчас*.

Смотрю французский сон
                    с обилием времён,
Где в будущем – не так, и в прошлом – по-другому.
К позорному столбу я пригвождён,
К барьеру вызван я – языковому.

Ах, разность в языках, –
                    не положенье – крах!
Но выход мы вдвоём поищем – и обрящем.
Люблю тебя и в сложных временах –
И в будущем, и в прошлом *настоящем*!

1973

Марине В.

Люблю тебя *сейчас*,
                    не тайно – напоказ, –
Не *после* и не *до* в лучах твоих сгораю;
Навзрыд или смеясь,
                    но я люблю *сейчас*,
А в прошлом – не хочу, а в будущем – не знаю.

В прошедшем – "я любил" –
                      печальнее могил,
Всё нежное во мне бескрылит и стреножит, –
Хотя поэт поэтов говорил:
"Я вас любил: любовь ещё, быть может..."

Так говорят о брошенном, отцветшем,
И в этом жалость есть и снисходительность,
Как к свергнутому с трона королю,
Есть в этом сожаленье об ушедшем,
Стремленье, где утеряна стремительность,
И как бы недоверье к "я люблю".

Люблю тебя *теперь* –
                    без мер и без потерь.
Мой век стоит *сейчас* – я вен не перережу!
Во *время*, *в продолжение*, *теперь* –
Я прошлым не дышу и будущим не брежу.

Приду и вброд, и вплавь
                    к тебе – хоть обезглавь! –
С цепями на ногах и с гирями по пуду, –
Ты только по ошибке не заставь,
Чтоб после "я люблю" добавил я "и буду".

Есть горечь в этом "буду", как ни странно,
Подделанная подпись, червоточина

И снизу лёд и сверху – маюсь между, –
Пробить ли верх иль пробуравить низ?
Конечно – всплыть и не терять надежду,
А там – за дело в ожиданье виз.

Лёд надо мною, надломись и тресни!
Я весь в поту, как пахарь от сохи.
Вернусь к тебе, как корабли из песни,
Всё помня, даже старые стихи.

Мне меньше полувека – сорок с лишним, –
Я жив, тобой и господом храним.
Мне есть что спеть, представ перед Всевышним,
Мне есть чем оправдаться перед ним.

1980

Где былая наша гордость?
Отдыхать сегодня – подлость!
Пистолет сжимает твёрдая рука.
Конец! Всему конец!
Всё разбилось, поломалось, –
Нам осталась только малость –
Только выстрелить в висок иль во врага.

1965

В куски
Разлетелася корона,
Нет державы, нету трона, –
Жизнь, Россия и законы –
Всё к чертям!
И мы –
Словно загнанные в норы,
Словно пойманные воры, –
Только – кровь одна с позором
Пополам.

И нам
Ни черта не разобраться –
С кем порвать и с кем остаться,
Кто за нас, кого бояться,
Где пути, куда податься, –
Не понять!
Где дух? Где честь? Где стыд?!
Где свои, а где чужие,
Как до этого дожили!
Неужели на Россию
Нам плевать?!

Позор
Всем, кому покой дороже,
Всем, кого сомненье гложет –
Может он или не может
Убивать!
Сигнал! –
И по-волчьи, и по-бычьи,
И – как коршун на добычу, –
Только воронов покличем
Пировать.
Эй, вы!
Где былая ваша твёрдость?

Всё теперь – одному, – только кажется мне –
Это я не вернулся из боя.

1969

Он не вернулся из боя

Почему всё не так? Вроде – всё как всегда:
То же небо – опять голубое,
Тот же лес, тот же воздух и та же вода...
Только – он не вернулся из боя.

Мне теперь не понять, кто же прав был из нас
В наших спорах без сна и покоя.
Мне не стало хватать его только сейчас –
Когда он не вернулся из боя.

Он молчал невпопад и не в такт подпевал,
Он всегда говорил про другое,
Он мне спать не давал, он с восходом вставал, –
А вчера не вернулся из боя.

То, что пусто теперь, – не про то разговор:
Вдруг заметил я – нас было двое...
Для меня – будто ветром задуло костёр,
Когда он не вернулся из боя.

Нынче вырвалось, будто из плена весна.
По ошибке окликнул его я:
"Друг, оставь покурить!" – а в ответ – тишина...
Он вчера не вернулся из боя.

Наши мёртвые нас не оставят в беде,
Наши павшие – как часовые...
Отражается небо в лесу, как в воде, –
И деревья стоят голубые.

Нам и места в землянке хватало вполне,
Нам и время текло – для обоих...

Эту бойню затеял не Бог – человек:
Улетающим – влёт, убегающим – в бег...

Свора псов, ты со стаей моей не вяжись,
В равной сваре – за нами удача.
Волки мы – хороша наша волчая жизнь,
Вы собаки – и смерть вам собачья!

  Улыбнёмся же волчьей ухмылкой врагу –
  Чтобы в корне пресечь кривотолки!
  Но – на татуированном кровью снегу
  Наша роспись: мы больше не волки!

К лесу – там хоть немногих из вас сберегу!
К лесу, волки, – труднее убить на бегу!
Уносите же ноги, спасайте щенков!
Я мечусь на глазах полупьяных стрелков
И скликаю заблудшие души волков.

Те, кто жив, затаились на том берегу.
Что могу я один? Ничего не могу!
Отказали глаза, притупилось чутьё...
Где вы, волки, былое лесное зверьё,
Где же ты, желтоглазое племя моё?!

...Я живу, но теперь окружают меня
Звери, волчьих не знавшие кличей, –
Это псы, отдалённая наша родня,
Мы их раньше считали добычей.

  Улыбаюсь я волчьей ухмылкой врагу –
  Обнажаю гнилые осколки.
  Но – на татуированном кровью снегу
  Тает роспись: мы больше не волки!

1978

Конец "Охоты на волков", или Охота с вертолётов

Михаилу Шемякину

Словно бритва рассвет полоснул по глазам,
Отворились курки, как волшебный сезам,
Появились стрелки, на помине легки, –
И взлетели стрекозы с протухшей реки,
И потеха пошла – в две руки, в две руки!

Вы легли на живот и убрали клыки.
Даже тот, даже тот, кто нырял под флажки,
Чуял волчие ямы подушками лап;
Тот, кого даже пуля догнать не могла б, –
Тоже в страхе взопрел, и прилёг – и ослаб.

Чтобы жизнь улыбалась волкам – не слыхал, –
Зря мы любим её, однолюбы.
Вот у смерти – красивый широкий оскал
И здоровые, крепкие зубы.

    Улыбнёмся же волчьей ухмылкой врагу –
    Псам ещё не намылены холки!
    Но – на татуированном кровью снегу
    Наша роспись: мы больше не волки!

Мы ползли, по-собачьи хвосты подобрав,
К небесам удивлённые морды задрав:
Либо с неба возмездье на нас пролилось,
Либо света конец – и в мозгах перекос, –
Только били нас в рост из железных стрекоз.

Кровью вымокли мы под свинцовым дождём –
И смирились, решив: всё равно не уйдём!
Животами горячими плавили снег.

Мы затравленно мчимся на выстрел
И не пробуем – через запрет?!

Волк не может, не должен иначе.
Вот кончается время моё:
Тот, которому я предназначен,
Улыбнулся – и поднял ружьё.

      Идёт охота на волков, идёт охота –
      На серых хищников, матёрых и щенков!
      Кричат загонщики, и лают псы до рвоты,
      Кровь на снегу – и пятна красные флажков.

Я из повиновения вышел –
За флажки, – жажда жизни сильней!
Только сзади я радостно слышал
Удивлённые крики людей.

Рвусь из сил – и из всех сухожилий,
Но сегодня не так, как вчера:
Обложили меня, обложили –
Но остались ни с чем егеря!

      Идёт охота на волков, идёт охота –
      На серых хищников, матёрых и щенков!
      Кричат загонщики, и лают псы до рвоты,
      Кровь на снегу – и пятна красные флажков.

1968

Охота на волков

Рвусь из сил – и из всех сухожилий,
Но сегодня – опять как вчера:
Обложили меня, обложили –
Гонят весело на номера!

Из-за елей хлопочут двустволки –
Там охотники прячутся в тень, –
На снегу кувыркаются волки,
Превратившись в живую мишень.

  Идёт охота на волков, идёт охота –
  На серых хищников, матёрых и щенков!
  Кричат загонщики, и лают псы до рвоты,
  Кровь на снегу – и пятна красные флажков.

Не на равных играют с волками
Егеря – но не дрогнет рука, –
Оградив нам свободу флажками,
Бьют уверенно, наверняка.

Волк не может нарушить традиций, –
Видно, в детстве – слепые щенки –
Мы, волчата, сосали волчицу
И всосали: нельзя за флажки!

  И вот – охота на волков, идёт охота, –
  На серых хищников, матёрых и щенков!
  Кричат загонщики, и лают псы до рвоты,
  Кровь на снегу – и пятна красные флажков.

Наши ноги и челюсти быстры, –
Почему же, вожак, – дай ответ –

И рвётся жизнь-чудачка,
Как тонкий волосок, –
Одно нажатье пальчика
На спусковой крючок!

Пока легка покупка – мы все в порядке с вами,
Нам жизнь отнять – как плюнуть, – нас учили воевать!
Кругом и без войны – война, а с голыми руками –
Ни пригрозить, ни пригвоздить, ни самолёт угнать!

Для пуль – все досягаемы, –
Ни чёрта нет, ни бога им,
И мы себе стреляем и
Мы никого не трогаем.

Стрельбе, азарту все цвета,
Все возрасты покорны:
И стар, и млад, и тот, и та,
И – жёлтый, белый, чёрный.

Опять сосёт под ложечкой.
Привычнее уже
Убийца на обложечке,
Девулька в неглиже.

Наш мир кишит неудачниками
С топориками в руке
И мальчиками с пальчиками
На спусковом крючке!

1973

А мне, а вам – куда уж нам
Шутить такими играми!

Пускай большими сферами –
Большие люди занимаются, –
Один уже играл с "пантерами",
Другие – доиграются...

У нас в кармане "пушечка" –
Малюсенькая, новая, –
И нам земля – подушечка,
Подстилочка пуховая.

Кровь жидкая, болотная
Пульсирует в виске,
Синеют пальцы потные
На спусковом крючке.

Мы – маленькие люди – на обществе прореха.
Но если вы посмотрите на нас со стороны –
За узкими плечами небольшого человека
Стоят понуро, хмуро дуры – две больших войны.

"Коль тих и скромен – не убьют" –
Всё домыслы досужие, –
У нас недаром продают
Любезное оружие!

А тут ещё норд-ост подул –
Цена установилась сходная, –
У нас, благодаренье Господу,
Страна пока свободная!

Ах, эта жизнь грошовая,
Как пыль, – подуй и нет! –
Поштучная, дешёвая –
Дешевле сигарет.

Весь вывернусь наружу я –
И голенькую правду
Спою других не хуже я
Про милое оружие,
Оружие, оружие
              балладу!

Купить бельё нательное?
Да чёрта ли вам в нём!
Купите – огнестрельное, –
Направо за углом.

Ну, начинайте! Ну же!
Стрелять учитесь все!
В газетах про оружие –
На каждой полосе!

Вот сладенько под ложечкой,
Вот горько на душе:
Ухлопали художничка
За фунт папье-маше.

Ату! Стреляйте досыту –
В людей, щенков, котят, –
Продажу, слава Господу,
Не скоро запретят!

Пока оружье здесь не под запретом,
Не бойтесь – всё в порядке в мире этом!
Не страшно без оружия – зубастой барракуде,
Большой и без оружия – большой, нам в утешенье, –
А маленькие люди – без оружия не люди:
Все маленькие люди без оружия – мишени.

Большие – лупят по слонам,
Гоняются за тиграми,

Эй, что вы на меня уставились – я вроде не калека!
Мне горло промочить – и я сойду за человека.

       Сходитесь, неуклюжие,
       Со мной травить баланду, –
       И сразу после ужина
       Спою вам про оружие,
       Оружие, оружие
                       балладу.

       Большой игрок, хоть ростом гном, –
       Сражается в картишки,
       Блефуют крупно в основном –
       Ва-банк, большие шишки.

       И балуются бомбою, –
       У нас такого нет,
       К тому ж мы – люди скромные:
       Нам нужен пистолет.

       И вот в кармане – купленый
       Обычный пистолет
       И острый, как облупленный
       Знакомый всем – стилет.

       Снуют людишки в ужасе
       По правой стороне,
       А мы во всеоружасе
       Шагаем по стране.

       Под дуло попадающие лица,
       Лицом к стене! Стоять! Не шевелиться!

Напрасно, парень, за забвением ты шаришь по аптекам, –
Купи себе хотя б топор – и станешь человеком!

Баллада об оружии

По миру люди маленькие носятся, живут себе в рассрочку, –
Плохие и хорошие, гуртом и в одиночку.

      Хороших знаю хуже я –
      У них, должно быть, – крылья!
      С плохими – даже дружен я, –
      Они хотят оружия,
      Оружия, оружия,
                   насилья!

      Большие люди – туз и крез –
      Имеют страсть к ракетам,
      А маленьким – что делать без
      Оружья в мире этом?

      Гляди – вон тот ханыга –
      В кармане денег нет,
      Но есть в кармане фига –
      Взведённый пистолет.

      Мечтает он об ужине
      Уже с утра и днём,
      А пиджачок обуженный –
      Топорщится на нём.

      И с ним пройдусь охотно я
      Под вечер налегке,
      Смыкая пальцы потные
      На спусковом крючке.

Я целеустремленный, деловитый,
Подкуренный, подколотый, подпитый.

А она мне сказала: "Я верю вам –
И отдамся по сходной цене".

Я ударил её, птицу белую, –
Закипела горячая кровь:
Понял я, что в милиции делала
Моя с первого взгляда любовь...

1964

Городской романс

Я однажды гулял по столице – и
Двух прохожих случайно зашиб, –
И, попавши за это в милицию,
Я увидел её – и погиб.

Я не знаю, что там она делала, –
Видно, паспорт пришла получать –
Молодая, красивая, белая...
И решил я её разыскать.

Шёл за ней – и запомнил парадное.
Что сказать ей? – ведь я ж хулиган...
Выпил я – и позвал ненаглядную
В привокзальный один ресторан.

Ну а ей улыбались прохожие –
Мне хоть просто кричи "Караул!" –
Одному человеку по роже я
Дал за то, что он ей подмигнул.

Я икрою ей булки намазывал,
Деньги просто рекою текли, –
Я ж такие ей песни заказывал!
А в конце заказал – "Журавли".

Обещанья я ей до утра давал,
Повторял что-то вновь ей и вновь:
"Я ж пять дней никого не обкрадывал,
Моя с первого взгляда любовь!"

Говорил я, что жизнь потеряна,
Я сморкался и плакал в кашне, –

Или это колокольчик весь зашёлся от рыданий,
Или я кричу коням, чтоб не несли так быстро сани?!

Чуть помедленнее, кони, чуть помедленнее!
Умоляю вас вскачь не лететь!
Но что-то кони мне попались привередливые –
Коль дожить не успел, так хотя бы – допеть!

Я коней напою,
                я куплет допою –
Хоть мгновенье ещё постою
                          на краю...

1972

Кони привередливые

Вдоль обрыва, по-над пропастью, по самому по краю
Я коней своих нагайкою стегаю, погоняю...
Что-то воздуху мне мало – ветер пью, туман глотаю, –
Чую с гибельным восторгом: пропадаю, пропадаю!

    Чуть помедленнее, кони, чуть помедленнее!
    Вы тугую не слушайте плеть!
    Но что-то кони мне попались привередливые –
    И дожить не успел, мне допеть не успеть.

    Я коней напою,
                   я куплет допою –
    Хоть мгновенье ещё постою
                          на краю...

Сгину я – меня пушинкой ураган сметёт с ладони,
И в санях меня галопом повлекут по снегу утром, –
Вы на шаг неторопливый перейдите, мои кони,
Хоть немного, но продлите путь к последнему приюту!

    Чуть помедленнее, кони, чуть помедленнее!
    Не указчики вам кнут и плеть.
    Но что-то кони мне попались привередливые –
    И дожить не успел, мне допеть не успеть.

    Я коней напою,
                   я куплет допою –
    Хоть мгновенье ещё постою
                          на краю...

Мы успели: в гости к Богу не бывает опозданий, –
Что ж там ангелы поют такими злыми голосами?!

Белое безмолвие	56
Баллада о Любви	58
Я не люблю	60
Про любовь в Средние века	62
"Не покупают никакой еды..."	64
Песенка о слухах	66
Москва – Одесса	69
"Здесь лапы у елей дрожат на весу..."	71
"Ну вот, исчезла дрожь в руках..."	72
"Меня опять ударило в озноб..."	74
Песня о звёздах	75
Дом хрустальный	76
Прощание с горами	77
Гололёд	79
Песня о Земле	80
"Мне каждый вечер зажигают свечи..."	81
"Сначала было Слово печали и тоски..."	83
Здесь вам не равнина	84
Песня Попугая	86
"Когда я спотыкаюсь на стихах..."	88
"В холода, в холода..."	90
К вершине	91
Спасите наши души	93
Ребята, напишите мне письмо	96
Скалолазка	97
"Сколько лет, сколько лет..."	99
"Нам говорят без всякой лести..."	100
Песня о времени	101
Мой Гамлет	103
Список песен в алфавитном порядке	107

СОДЕРЖАНИЕ

Кони привередливые 7
Городской романс 9
Баллада об оружии 11
Охота на волков 16
Конец "Охоты на волков", или Охота с вертолётов . . . 18
Он не вернулся из боя 20
"В куски разлеталася корона..." 22
"И снизу лёд и сверху – маюсь между..." 24
"Люблю тебя сейчас..." 25
Притча о Правде и Лжи 27
Песня о друге 29
Песня о новом времени 31
Песня Бродского 32
Она была в Париже 34
Высота 35
Маски 36
Утренняя гимнастика 38
Баллада о бане 40
"И вкусы и запросы мои – странны..." 42
Братские могилы 44
Песенка ни про что, или Что случилось в Африке . . . 45
"Катерина, Катя, Катерина..." 47
О нашей встрече 48
Сыновья уходят бой 50
Песенка о переселении душ 52
"Ну о чем с тобою говорить!.." 54
"Корабли постоят – и ложатся на курс..." 55

Владимир Высоцкий

ИЗБРАННОЕ

ИНСТИТУТ ПЕРЕВОДА

AD VERBUM

ОПУБЛИКОВАНО ПРИ ПОДДЕРЖКЕ
ИНСТИТУТА ЛИТЕРАТУРНОГО ПЕРЕВОДА, РОССИЯ

GLAGOSLAV PUBLICATIONS

ВЛАДИМИР ВЫСОЦКИЙ:

ИЗБРАННОЕ

Издатели: Maxim Hodak & Max Mendor

© 2022, Наследники Владимира Высоцкого

© 2022, Glagoslav Publications B.V.

Концепт дизайна книги *Ксения Папазова*

Дизайн обложки и верстка *Макс Мендор*

www.glagoslav.com

ISBN: 978-1-914337-63-5

Впервые опубликовано на английском языке издательством Glagoslav Publications B.V. в мае 2022 г.

Каталожная запись для этой книги доступна в Британской библиотеке.

Все права защищены. Никакая часть данной книги не может быть воспроизведена в какой бы то ни было форме без письменного разрешения владельцев авторских прав.

Владимир Высоцкий

ИЗБРАННОЕ

AD VERBUM

ОПУБЛИКОВАНО ПРИ ПОДДЕРЖКЕ
ИНСТИТУТА ЛИТЕРАТУРНОГО ПЕРЕВОДА, РОССИЯ

www.ingramcontent.com/pod-product-compliance
Lightning Source LLC
Chambersburg PA
CBHW080034120526
44588CB00036B/2611